Hugo Carvana

Coleção Perfis do Rio

Obra patrocinada pela Prefeitura do Rio e pela Secretaria Municipal das Culturas, produzida em parceria pelo RIOARTE e editora Relume Dumará.

Prefeito da Cidade do Rio de Janeiro
Cesar Maia

Secretário Municipal das Culturas
Ricardo Macieira

Presidente do Instituto Municipal de Arte e Cultura – RIOARTE
Rita de Cássia Samarques Gonçalves

Diretora de Projetos
Paula Ibarra

Coordenação Editorial
Leonel Kaz
Elza Marques

Regina Zappa

Hugo Carvana

ADORÁVEL VAGABUNDO

Relume Dumará

© Copyright 2005, Regina Zappa
Direitos cedidos para esta edição à
EDITORA RELUME LTDA.
Rua Nova Jerusalém, 345 – Bonsucesso
CEP 21042-235 – Rio de Janeiro, RJ
Tel. (21)3882-8338 – Fax (21)2560-1183
www.relumedumara.com.br

A RELUME DUMARÁ É UMA EMPRESA EDIOURO PUBLICAÇÕES

Revisão
Argemiro de Figueiredo

Editoração
Dilmo Milheiros

Capa
Victor Burton

CIP-Brasil. Catalogação-na-fonte.
Sindicato Nacional dos Editores de Livros, RJ.

Z38h   Zappa, Regina
           Hugo Carvana : adorável vagabundo / Regina Zappa. – Rio de Janeiro : Relume Dumará : Prefeitura, 2005
                                       – (Perfis do Rio ; v.44)
           ISBN 85-7316-457-3

           1. Carvana, Hugo. 2. Atores – Brasil – Biografia. I. Rio de Janeiro (RJ). Prefeitura. II. Título. III. Série.

05-3626   CDD 927.914
                              CDU 929:7.071.2

Todos os direitos reservados. A reprodução não-autorizada desta publicação, por qualquer meio, seja ela total ou parcial, constitui violação da Lei nº 5.988.

Agradeço a

Hugo Carvana, Martha Alencar, Pedro,
Maria Clara, Júlio e Rita Carvana
Antonio Pedro, Chico Buarque, Cláudio Marzo,
Denise Bandeira, Eduardo Graça, Elizabeth
Carvalho, Joel Barcelos e Odete Lara

Sumário

Apresentação 9
O irresistível cheiro de cola 11
Super-homem mambembe 22
Templo do pecado 25
O salto de qualidade 28
Cinema Novo 40
Opinião que o bicho não come 57
O Jovem Flu 65
No Sanatório Botafogo 69
Saudades do Brasil 77
Uma conta conjunta 84
Liberdade e desbunde – os anos loucos 91
De como venceu o pânico e resolveu dirigir filmes 101
Vivendo em fragmentos de fantasia 107
Carvana pai 120
Um ato libertário 123

Uma idéia bizarra	132
No bar, todo dia um Brasil novo	137
A celebridade e o ator	142
O socialismo moreno – corações e mentes	147
O grande Del Monaco	158
A memória afetiva e o fim da onipotência	159
"Me tira daqui, me tira daqui"	162
Filho de Obaluaê vai à guerra	166
Maria vai com as outras – a cultura da camaradagem	169
Um homem e seus ritos	180
Biografia	185

Apresentação

São muitos os fragmentos de paisagens que talharam a personalidade de Hugo Carvana. Suburbano que incorporou a Zona Sul, figura escandalosamente carioca, ator brasileiro, chanchada no coração e Cinema Novo na cabeça, Carvana tem tanto do Brasil que sua trajetória se confunde com a história cultural recente do país. Ele entrou na cena artística em um dos momentos mais criativos e férteis da cultura brasileira e formou-se dentro de um caldeirão cultural que misturava tradição e vanguarda, censura e militância, desbunde e criatividade.

Viveu um período excepcional. Ingressou na televisão quando ela engatinhava, e sua formação passa pelo Teatro Nacional de Comédia, o teatro engajado do Arena e do Opinião, o cinema popular e o Cinema Novo, as novelas da TV, até chegar a um jeito muito próprio de fazer filmes. Vivenciou um forte entrosamento entre as expressões artísticas do seu tempo e moldou-se dentro de uma efervescência intelectual e política (do final dos anos 1950 ao final dos anos 1970), que atravessou a ditadura militar e permitiu que teatro, cinema, música, literatura e artes plásticas dialogassem como nunca.

Atuou em mais de 80 filmes, dirigiu seis. Fez oito peças de teatro, 15 novelas, quatro minisséries e um seriado. Viveu o desespero, a falta de perspectiva, a censura e as metáforas que o levaram à busca do sonho nas drogas e no álcool.

Na memória, ele leva muitas paisagens. Do garoto que divertia a família fazendo palhaçadas, da vida gregária, das loucuras, das realizações. Dos teatros-follies, das figurações no cinema, dos caóticos estúdios de TV ao vivo, do teatro de resistência, da boate Arpège. Do tempo em que nos bares todo dia se criava um Brasil novo. Da esperança e das trevas. Do Teatro Duse, da Boate Plaza, do Beco da Fome, do Zicartola. De Vinicius, Leon, Elis, Glauber, Vianinha. Do orgulho de fazer parte de uma geração que lutou pela liberdade. E, fundamental, do auto-imposto mandamento de viver a vida com muito humor e prazer.

O irresistível cheiro de cola

Quando pisou pela primeira vez na TV Tupi, em 1955, para fazer um teste como figurante, Carvana ficou deslumbrado com aquele ambiente nervoso e neurótico, a confusão, o caos, e decidiu: "Aqui é meu lugar." Ele nunca tinha pensado em ser ator. Tinha 17 anos, trabalhava como escriturário numa firma de sabonetes e dentifrícios quando foi levado pelo amigo e vizinho tijucano Joel Barcelos para fazer um teste na TV Tupi. Carvana ficou completamente fascinado pela alta incidência de adrenalina que movia aquelas pessoas. A televisão engatinhava. Joel arrastou o amigo, que nem sabia o que significava fazer figuração. "É um troço que a gente vai lá, bate palma e ganha dinheiro." Carvana não teve dúvida: "Oba, é comigo mesmo!"

Nesse dia fatídico em que ele entrou no estúdio da TV Tupi, sua alma foi capturada para sempre. Ele sentiu o cheiro da cola que escorria do cenário, tropeçou nos cabos espalhados pelo chão e sua cabeça rodou em meio a refletores, luzes e microfones. Uma agitação geral. Era pura mágica, excitação. Não demorou muito para ele se convencer de que estava em casa e de lá nunca mais sairia. "Foi o momento em que encontrei a minha vida, o meu caminho, quando descobri que era ator. Foi inesperadamente. É o momento mais forte na minha memória."

Portanto, a veia artística não lhe saltava como um chamado irrecusável. Tampouco brotou de um sentimento profundo e incontrolável, daqueles que levam a pessoa a seguir cegamente a sua vocação: o elemento marcante que conduziu Hugo Carvana ao ofício de ator foi o prosaico e irresistível cheiro de cola de um estúdio de televisão.

Havia uns 200 candidatos para um programa que era realizado nas praças da cidade. "Fiquei fascinado pela neurose, gosto muito de pessoas neuróticas e nervosas. Adoro! As pessoas ainda não dominavam o *métier*, por isso o nervosismo era enorme. Hoje, a gente entra no estúdio de televisão para gravar e já está tudo pronto. Mas naquela época, era tudo ao vivo. Acendia aquela luz vermelha e era um frio danado na barriga!"

Carvana fazia teste para o especial *Vida de Cristo*. Na televisão havia um famoso diretor de teatro português que se chamava Chianca de Garcia, que veio para o Brasil dirigir e montar espetáculos de revista, sobretudo shows e musicais. Montou muitos para a boate Night and Day e acabou fazendo espetáculos para a televisão, entre eles os shows de variedades Tonelux, em que trabalhava Neide Aparecida, uma atriz de televisão, muito conhecida também pelos comerciais que fazia. Garcia tinha um assistente chamado Jaci Campos, que fazia a seleção. Escolhia na base do olhômetro: você *pra* cá, você *pra* lá. Ele olhou para Joel e disse, "pra cá", e Carvana foi "pra lá", sem chances. Voltou para casa sozinho, de bonde, arrasado. Tinha contado para toda a família, dito a eles para verem na televisão, que ele ia aparecer, e foram todos ver na casa do vizinho, porque não era todo mundo que tinha televisão em casa. "Foi uma frustração dramática."

Carvana foi rejeitado no primeiro teste, mas um mês depois botou o papel na máquina e pediu demissão do emprego de escriturário.

Não havia passado pela sua cabeça sequer a possibilidade de ser ator. "Eu era de uma geração que achava isso muito estranho. Era suburbano, de classe média baixa, morava na Zona Norte...". A única profissão que até aquele momento tinha despertado algum interesse em Carvana era a diplomacia. Ele achava que podia ser interessante. Era uma fantasia de adolescente, por causa das viagens. Conquistar o mundo, novos ares... Joel, porém, não desistiu.

– Tem um estúdio de cinema no alto da Tijuca, na Usina, chamado Brasil Vita Filmes. Vai lá e procura Ismar Porto.

Ismar Porto era assistente de direção de um diretor de chanchadas chamado Watson Macedo, que fazia filmes no Brasil Vita Filmes.

Na Tijuca, Carvana estava em casa. Tinha vivido na praça Saens Peña desde os cinco anos e só depois de completar 17 é que se mudou para o Grajaú, com sua mãe. Nosso herói nasceu Hugo Carvana de Holanda, no Lins de Vasconcelos, na rua Dona Romana, em 4 de junho de 1937. Logo cedo, sua mãe, Alice Carvana de Castro, costureira, deixou o Lins e mudou-se para a rua Falete, no Catumbi (hoje Morro do Turano), com o pequeno Hugo, sua irmã quatro anos mais velha, Sonia, e o irmão Ademar Abreu Vouguinho, oito anos mais velho e filho do primeiro casamento da sua mãe. Carvana se dava bem com os irmãos. Sempre foi muito amigo da irmã e adorava o irmão. Aliás, venerava. Achava-o muito bonito e invejava seu talento para a dança. Roubava as roupas dele só para ficar diante do espelho, imitando seu jeito de dançar.

Carvana mal conheceu o pai. Alice se separou de Clovis Eloy de Holanda quando o filho tinha menos de um ano. Foi casada duas vezes. Na primeira vez, ficou casada pouco tempo com o pai de Ademar, o primeiro filho e irmão de Carvana, e pouco depois, enviuvou. Mas o segundo casamento durou bem menos. Carvana tinha apenas meses quando o pai foi embora. Depois da separação de Clovis Eloy, a mãe teve lá seus namorados, mas nunca mais casou.

Do Catumbi, a família mudou-se para a rua Campos da Paz, no Rio Comprido, lugar do qual o peralta Hugo guarda apenas a lembrança de uma tremenda surra que levou da mãe porque tentou fugir de casa pulando da janela do apartamento, que ficava no segundo andar. Subiu no parapeito da janela e foi denunciado pelos gritos dos vizinhos. O garoto tinha só quatro anos, mas já dava sinais de onipotência.

Finalmente, aos cinco anos, chegou à Tijuca, palco das descobertas da vida, do amor, da paixão, do sexo, das amizades eternas, da turma, da patota. Foi ali que aprendeu a semear e cultivar as amizades e descobriu sua vocação gregária. Os amigos foram, e ainda são, uma referência para ele. E foi a Tijuca que deu a ele esse sentimento.

Durante a adolescência tijucana, havia um grupo de amigos muito sólido, que o levou a pensar em arte pela primeira vez. Um dia, esses amigos tiveram a idéia de escrever uma peça de teatro com base nos últimos momentos de prisioneiros da Bastilha antes de serem mortos – vai entender por quê! A idéia era montar a peça na rua. Chegaram a ensaiar, mas acabou não acontecendo. De qualquer forma, o mundo das artes já enviava sinais.

A praça Saens Peña tinha cinco cinemas e na época não havia televisão. Cinema era o local de encontro, o centro de tudo. Na praça, aconteciam as primeiras paixões, os namoros adolescentes, "aqueles em que se finge que namora e não namora, se diz que está apaixonado e não está". Foi ali onde Carvana formou sua turma e conheceu Joel Barcelos, o amigo que o levou para a televisão, depois para o cinema e o teatro. Joel via em Carvana um menino diferente dentro do grupo de amigos, e sentiu logo que ele tinha um talento histriônico.

"Tínhamos um grupo de classe média tijucana. Ele era menos abastado, não tinha pai, era *office-boy*. Sentia que ele era o menino pobre numa classe média arrogante. Tudo filhinho de mamãe. E o Carvana, sem pai, destoava. Ele estudava no Colégio Batista. No futebol ele era muito ruim e eu era craque. Tinha que botar ele sempre de goleiro. E a vida era pelada de rua, boemia, sinuca, bar. Eu achava que, como ele tinha esse talento histriônico, poderia galgar um degrau superior fazendo uma coisa artística. O Carvana era um patinho feio no meio daquele rebanho. Mas, no final, ele era um cisne."

Carvana, porém, não olhava as coisas com esses olhos. Sentia-se integrado àquela turma, prezava os amigos mais do que tudo e organizou sua vida em torno da praça. Fazia esporte, era sócio do Tijuca Tênis Clube e nadava pelo clube. Ali, freqüentava as festas dançantes. Quando tinha 13, 14 anos, não podia ir aos bailes noturnos, mas ficava do lado de fora, olhando pelo vidro das janelas, louco para ser mais velho e poder entrar naquele baile proibido para menores de 16 anos. Mas comparecia às manhãs dançantes de domingo, que começavam às 11 horas e terminavam às duas da tarde. E freqüentava, claro, os bailes de carnaval.

"Eu era um doce vagabundo. Vivia ludicamente, só me interessava pelo prazer. Dançava razoavelmente bem, de rosto colado. Tinha sempre a expectativa do sábado que viria, havia os amigos de rua, os primeiros amores, as primeiras camas. Pegar um bonde e namorar no Estácio, estudar à noite, no ginasial. Esses eram nossos sonhos. Eu não tinha ambição. Era um adorável vagabundo."

Dos amigos daquela época da turma da Saens Peña, Carvana ainda mantém contato com Joel Barcelos e Milton Temer, então cadete da Escola Naval, e hoje deputado. Nenhum outro ficou. "Uma vez, estava gravando uma cena de novela no Joá e passou de carro um amigo daquela época, o Lindberg. Lembrava dele. De vez em quando encontro um e tem uma pergunta que me irrita profundamente que é 'Você não lembra de mim, né?'. É uma covardia, às vezes a gente não lembra e fica constrangido em dizer. Já aconteceu de falarem 'Ah, agora que é famoso não lembra mais'. Um deles foi o Belmiro."

Era uma turma de homens. "As meninas ficavam de um lado e os meninos, de outro. *Numa linha passa um bonde, noutra linha passa um trem, descarado, sem-vergonha que já quer trocar de bem.*" Meninos e meninas nas descobertas da vida.

A Saens Peña fica na barra da saia do Salgueiro. Foi ali também que Carvana descobriu o universo da música, embora suas primeiras sensações em relação ao samba fossem de pavor. É que nas manhãs de carnaval ele via da praça os sambistas que voltavam do desfile do Salgueiro, ostentando suas fantasias de luxo. "Eu tinha medo das fantasias, tinha pânico, achava que era assombração. Eram vermelhos vibrantes, dourados estonteantes, e aquilo me causava espanto e muito medo."

A Tijuca foi a pedra fundamental. Deu a ele o instrumental para montar as estruturas do seu caminho: o sentimento da importância da amizade, o despertar das paixões, o cinema e a capacidade de observação que ele desenvolveu nas muitas horas em que passava na praça, com os amigos, vendo a vida e as meninas passarem. Carvana se considera um tijucano, um homem "impregnado da Tijuca".

Mas a vida não era fácil para a família. A mãe Alice criava sozinha os filhos. Quando se separou do pai de Carvana, o pequeno tinha ainda meses. Antes de sua mãe mudar para a Tijuca, até a saída do Catumbi, o pai aparecia, uma vez ou outra, para visitar os filhos. Pegava os dois e saía para passear. Depois que eles mudaram para a Tijuca, o pai não apareceu mais. Mais tarde morreu, Carvana não sabe quando. Não lembra se o pai era louro, moreno, negro ou branco. Havia uma foto, apenas uma, mas foi perdida. Não guarda uma fisionomia que sirva para ele de imagem de um pai que nunca teve, mas lembra de um passeio que fizeram quando tinha quatro anos. Como era pequeno e o pai muito alto, não conseguia ver direito o rosto do pai, mas ficava muito próximo das mãos dele. E quando alguém pergunta se ele conheceu o pai, ele responde, sem vacilar: "Eu conheci a mão do meu pai."

Depois de 12 anos, a família mudou da Tijuca por questões financeiras. Foram para o Grajaú, Carvana já com 17 anos praticamente só dormia em casa, porque o resto do tempo ficava pela Saens Peña. Nessa época, já havia sido picado pelo mosquito do cinema, que conheceu por meio das salas que existiam na praça.

Mas antes desse *flashback* estávamos no ponto em que o insistente amigo Joel Barcelos recomendava a Carvana que fosse ao Estúdio Brasil Vita Filmes, na Usina, procurar Ismar Porto, que fazia seleção de figurantes para filmes da chanchada brasileira. Ele era assistente de direção de Watson Macedo, diretor importante à época das chanchadas. Ismar, logo de cara, simpatizou com Carvana, e prometeu que no próximo filme de Macedo o chamaria para figuração. E para que o jovem candidato não saísse dali totalmente frustrado, Ismar lhe deu o telefone de outro estúdio – o Flama Filmes, em São Cristóvão. Lá foi ele. Estavam prestes a começar o filme *Trabalhou bem Genival*, dirigido por Lulu de Barros e produzido e estrelado por Ronaldo Lupo.

Lulu de Barros começou sua carreira dirigindo filmes "sérios", mas depois foi diretor de muitas chanchadas e ficou famoso por vencer as dificuldades e ser muito rápido nas filmagens. Costumava filmar em três semanas. Certa vez, chegou a raspar a perna para fazer uma cena em que a atriz havia faltado, e que mostrava uma perna de bailarina.

Carvana conseguiu um papel como figurante e debutava no cinema com *Trabalhou bem Genival*. Perguntaram-lhe se tinha um *smoking* e diante da negativa arrumaram um para ele fazer uma ponta, o papel de um cidadão que tocava violão numa festa.

Pouco depois, recebeu um telefonema de Ismar Porto: o Macedo ia começar a rodar um filme. Fez o primeiro com ele, que se chamava *Depois eu conto*. A partir daí, sempre que havia um filme de Macedo, Carvana era chamado por Ismar Porto. Começou a filmar continuamente com Macedo, no estúdio da Brasil Vita Filmes, fundado por Carmem Santos nos anos 1930, com o nome de Vox Filme. O estúdio passou a se chamar Brasil Vita pouco depois e foi palco para filmagens de diretores como Humberto Mauro, Lulu de Barros e Watson Macedo. Em 1959, foi comprado pelo produtor Herbert Richers, que realizou ali comédias dirigidas por especialistas como Victor Lima e J. B. Tanko e instalou seus estúdios de dublagem. Mais tarde, com a popularização da televisão, Richers passou a alugar os estúdios para gravação de novelas e especiais. *Plantão de polícia*, seriado com Carvana, foi todo gravado nesse local.

Nesse processo de fazer figuração, Carvana passou a habitar o universo do cinema, convivendo com gente famosa, mitos da época como Grande Otelo, Anselmo Duarte, José Lewgoy, Wilson Grey. A televisão estava nos seus primórdios, não havia ainda mitos de TV, só do cinema. Essa convivência foi despertando em Carvana o desejo de ser ator. "Uma coisa foi me tomando sem eu perceber, sem eu desejar, sem ser premeditado. No meu tempo, ser ator era uma coisa que surgia, era um somatório de sentimentos internos que jorravam isso."

De figuração em figuração, Carvana foi se apaixonando definitivamente pelo ofício de ator. Até que, novamente, Joel Barcelos falou a Carvana sobre o Teatro do Estudante, o Teatro Duse, dirigido por Paschoal Carlos Magno, que abria inscrições para teste. Na época, era a única escola importante de teatro que existia no Rio. O equivalente ao que seria hoje o Teatro Tablado, criado por Maria Clara Machado, embora hoje existam muitas outras. Inscreveu-se e passou no teste. Os candidatos eram examinados por uma banca e tinham que recitar um poema épico ou romântico. Havia também um teste de improvisações. Carvana escolheu Camões e recitou *Os Lusíadas*. Em seguida, Olavo Bilac ("parnasiano que sou, recitei *Ora direis, ouvir estrelas*"). Mas foi o teste de improvisação o que mais impressionou a banca. Carvana soube disso anos mais tarde, quando o ator e diretor de teatro José Maria Monteiro, na época diretor da banca, revelou a ele que sua nota fora excelente por causa da improvisação. Na banca examinadora estava também Nina Raveski, segundo Carvana, a melhor professora de teatro que deu as melhores aulas de improvisação que ele teve na vida. Ela ensinava pelo método de interpretação de Stanilavski.

Passou no teste e começou a freqüentar a escola de

teatro. Em casa, porém, as notícias do progresso na vida artística não eram tão bem recebidas. A mãe não gostou. Não tinha criado filho para ser *viado*. Carvana teve que ouvir isso quando comunicou em casa que queria ser ator. A crítica da mãe vinha acompanhada do corte da mesada. A partir dali não tinha mais grana. Só casa e comida, e olhe lá. O salário de escriturário era uma mixaria, mas a empresa era americana e tinha o pomposo nome de Sidney Ross Company – fabricante da Kolynos, do leite de magnésia Phillips, do Melhoral –, multinacional e grande patrocinadora dos programas radiofônicos na grande época do rádio. Trocar essa seriedade toda por uma vida na flauta? Essa, não! "Vai trabalhar, vagabundo!"

Ouvia isso toda vez em que chegava do teatro. Com a frase na cabeça, sentia que precisava urgentemente ganhar algum. Tinha que se profissionalizar, mas a escola não permitia isso antes que o aluno terminasse o curso. Paschoal achava que se profissionalizar antes de acabar o curso era aviltar a arte. "Ele tinha aquela visão de mestre teatral, que acha que o palco é sublime, merecedor de todo sacrifício." Carvana fez um ano e meio de escola e como começaram a aparecer convites para pontas em filmes, largou o curso pela metade e decidiu voltar a trabalhar. Claro que o estímulo de dona Alice foi decisivo. "Não, não, grana tem que entrar. Eu não vou dar *dindim* para malandro, não. Quer ser ator, *vagabá*? Se vira!"

Começaram novamente, então, os convites para fazer figuração em chanchada. Assim, ele levantava um dinheirinho e dava para ir levando. Começou também a aparecer convite para fazer show na noite, em palco de boate. Eram miniespetáculos de teatro de revista, com oito ou dez pessoas no palco, no máximo. Muitos na Boate Plaza, no Hotel Serrador, no teatro onde é hoje o Brigitte Blair. Era a época dos chamados teatros-follies de Copacabana, pequenos teatros, de cento e poucos lugares, que apresentavam shows e espetáculos teatrais. Isso era por volta de 1955/56.

Naquela época, a Cinelândia, no centro da cidade, era o *point* dos artistas e técnicos de cinema e teatro desempregados – atores, maquinistas, eletricistas, maquiadores, iluminadores. Por ali passavam diretores e produtores arregimentando atores e equipe para filmes e peças. Carvana fazia ponto lá e tinha muitos amigos. Da mesma forma que os músicos buscavam trabalho nas escadarias do Teatro João Caetano, onde se encontravam à noite para trocar idéias e aguardar um chamado, o pessoal do cinema e do teatro saía em busca de trabalho na Cinelândia, local em que ficavam os cinemas.

Uma noite, na esquina da Spaguetelândia, que ficava no Beco da Fome, na Cinelândia, Al Ghil– o Alcebíades, ator e produtor de cinema, às vezes bem na vida, às vezes mal, grande amigo, da turma de Wilson Grey – passou por lá e levou Carvana para o primeiro filme em que teria uma fala. Juntos, iam atuar em *Contrabando,* do diretor espanhol Eduardo Lhorente, e cujo ator principal era Glauco Carneiro. Desta vez, nada de figuração! Então, no seu primeiro papel consistente no cinema, coube a Carvana a determinante, original e notável frase: "Siga aquele carro."

Super-homem mambembe

As chanchadas dos anos 1950 e 1960 abriram as portas da carreira artística para Carvana. Uma mistura de comédia e musical, apimentada com uma boa dose de sensualidade, as chanchadas serviram de laboratório para a formação do seu estilo de representação leve e informal. Dos 82 filmes em que atuou, pelo menos 30 eram chanchadas. "A chanchada me deu o lúdico. Ela me deu a brincadeira, a irreverência, a musicalidade." No teatro, Carvana escolheu fazer um trabalho mais racional e político, mas quando, mais tarde, foi dirigir cinema, levou para seus filmes muitos elementos da chanchada.

Não por acaso, posteriormente, Carvana foi buscar na chanchada a inspiração para fazer seu *Apolônio Brasil, campeão da alegria*, que presta homenagem às suas origens. "Conheci vários artistas como o Apolônio e queria muito contar essa história."

Mas isso é mais tarde. Voltemos a 1957. Entre pontas e papéis nas chanchadas – só naquele ano ele fez *Tudo é música, Tem boi na linha, Rio fantasia, Rico ri à toa, Metido a bacana, Baronesa transviada, Garotas e samba* – Carvana recebeu um convite do rei do mambembe, o comediante Milton Carneiro, que formava todo ano um grupo teatral e mambembava pelo Brasil. Montava duas peças e saía viajando com a trupe durante meses. Milton estava montando elenco e alguém o apresentou a Carvana, que foi logo contratado. A partir daí, começou, de fato, sua carreira de ator, ganhando até salário.

A trupe de atores era mínima – Carvana, Milton e a mulher dele, Maria Luísa, Nestor de Montemar. Viajaram para o Nordeste com uma peça chamada *Falta um pedaço em meu marido*, escrita por Maria Luísa. Uma comédia. No final se descobria que faltava um braço do marido, mas durante toda a peça o público era induzido a pensar que o pedaço era outro. As turnês eram uma loucura. Além da peça principal, havia sessões de teatro infantil nos sábados e domingos, abominadas por Carvana, que tinha horror a teatro infantil. "Eu fazia um domador mau. As crianças subiam no palco e me cobriam de caneladas. Eu odiava aquilo!"

Durante quatro meses, a trupe viajou pelo Ceará, Rio Grande do Norte, região para onde Carvana nunca tinha viajado. Naquela época, enquanto Carvana rodava o Brasil, dona Alice se mudou para Copacabana, primeiro para a rua Júlio de Castilhos e, depois, para a Francisco Sá. Carvana nunca mais voltou a morar na Zona Norte.

Era 1958. Carvana tinha 21 anos. Retornou da sua primeira excursão profissional e caiu na noite. Voltou a fazer shows em boates e a vida ficou frenética. Mulheres, farras, porres homéricos – era a vez da turma de Copacabana, a turma de rua. "Nessa época eu me considerava um super-homem, nada como ter 21 anos para ser onipotente."

Foi a época da peregrinação noturna em que conheceu Ary Barroso, com quem aprendeu a beber uísque – quando conheceu Ary num bar e pediu cachaça, o genial compositor mandou levar de volta e pediu uísque para todos –, Tom Jobim, no bar Tudo Azul, em Copacabana, Carlos Thiré, primeiro marido de Tônia Carrero, jornalista que o apresentou a Ary, Sergio Ricardo, na boate Jirau, o cineasta Ruy Guerra, o jornalista Antonio Maria, o crítico José Sanz. Era "infernal".

Para sustentar essa vida de pândega, Carvana arrumou trabalho como dublador de filmes. Fez durante muitos anos bico como dublador. Começou com os americanos e depois fez as séries de televisão. Fazia a voz do Zorro, Dr. Kildare, Ben Casey e de um dos personagens dos *Intocáveis*. Foram fundadas companhias de dublagem para atender a esse mercado. A mais importante do Rio era a Cine Castro, no Jardim Botânico. Carvana foi dar com os costados na Cine Castro, e lá dublou mais de mil filmes. De vez em quando, claro, aparecia um filmezinho para fazer uma figuração. A dublagem foi um bico seguro durante muito tempo. Hoje ele lembra com uma certa nostalgia dos tempos em que "corria atrás de boca de americano".

Também nessa época, ele conheceu a primeira mulher que *bagunçou* o seu coreto. Era uma *crooner* de boate chamada Sonia Reis. A paixão foi fulminante. Paixão e sexo. Ela era independente, vivia sozinha, mulher mais velha. Ele ainda na casa da mãe. Fascinado com a vida nova que se apresentava, Carvana deixou a casa da mãe e foi morar com a *crooner*. Casou de papel passado e dedicou-se inteiramente, durante um ano, a essa paixão avassaladora. Não produziu, não trabalhou. Ficou no limbo. De madrugada, buscava Sonia na boate, esperava o show acabar e vivia para ela. Mas a *crooner* discordava das aspirações a ator de Carvana, achava que não ia dar em nada, que teatro era roubada. E ele só queria a vida no palco. Discutiam, brigavam, o atrito aumentava a cada dia. Até que se separaram, um ano depois do casamento, em 1959. Nunca mais *drink* no *dancing*. Carvana amargou uma tremenda fossa.

Templo do pecado

Com o fim do casamento, Carvana caiu na vida. Nessa época, anos 1960, antes do golpe militar, quando corria "atrás de boca de americano" nas dublagens, e da sobrevivência, nas pontas nos filmes, Carvana conheceu Daniel Filho, que também era dublador. Ficaram amigos e freqüentavam juntos as boates e os shows da madrugada. Um dia, a vida sorriu para eles e para Roberto Maia e Miéle, outros dois amigos de farra. O pai de Daniel filho resolveu morar em Cabo Frio e deixou aqui no Rio um belo apartamento no Leblon, na Bartolomeu Mitre, para o filho morar. Não podia dar outra: o *cafofo* virou o Templo do Pecado. Recendia a sexo – imagine, quatro jovens em pleno período de ereção e solteiros! Era uma verdadeira devassidão.

"Ali aconteciam grandes orgias sexuais, coisas obscenas, difíceis de contar." Os quatro moraram ali mais de dois "loucos anos" juntos, vivendo grandes aventuras amorosas. Bebia-se muito, mas havia normas de convivência. Cada mês, um ficava encarregado de pagar as contas. Ah, e havia também códigos: quando um chegava com uma mulher, os outros se escondiam atrás das cortinas até que ele passasse para o quarto. Ou corriam para os quartos para que a mulher não os visse, porque, normalmente, eram mulheres conhecidas que não queriam ser vistas. Mas o combinado é que as portas dos quartos deviam ficar sempre abertas para que os outros pudessem "espiar".

Uma vez no mês que cabia a Carvana pagar as contas, ele foi cobrar de Miéle a sua parte e este alegou que pagaria depois, estava *duro*. "Filho-da-puta, vão cortar a luz!" Nessa mesma noite, Carvana chegou ao apartamento com uma mulher, a conquista da noite. Logo ao entrar, deparou-se com uma nota equivalente a cinqüenta reais de hoje. Guardou no bolso. Mais adiante, na sala, outra nota. "O que é isso?", perguntou a mulher. E as coisas esquentando, até que levou a mulher para seu quarto. Perto da porta, mais uma nota. E a situação em ponto de bala, a moça já sem a blusa, os ânimos esquentando. Aí, Carvana viu ainda uma nota, desta vez perto do armário. Quando se abaixou para pegá-la, eis que, num salto, surge Miéle de dentro do armário. *Ta-ran*! Ele não sabia que a moça estava lá. A brincadeira, claro, acabou com a noite de Carvana. A mulher se retirou, furiosa.

"Combinávamos entre nós que ninguém ia transar com a empregada, mas acabava sempre alguém transando. Aconteciam histórias as mais engraçadas, esdrúxulas, insólitas e surubas homéricas. Eram jovens atores e dubladores morando juntos num apartamento, todo mundo com os hormônios pululantes. Foi uma alegria."

Mas embora a alegria tenha durado bastante, nunca era demais para eles. Dois anos e pouco depois, Daniel resolveu casar-se, "uma lástima", com uma atriz chamada Dorinha Duval. Acabou a brincadeira. Os três tiveram que sair do apartamento, que era de Daniel.

O relato é de grande ressentimento e pesar: "Nos retiramos com dor. Acabava aquela festa sexual. Orgias deliciosas. Mas uma mulher pode atrapalhar a vida de um homem. Dorinha entrou e disse: 'Agora somos eu e você, não quero mais boemia, orgia, festa, ninguém aqui.' Ele pediu para a gente sair.

Naquela época, os dois, Dorinha e Daniel, foram trabalhar na TV Excelsior e faziam um quadro de humor que ficou famoso, no qual os dois formavam um casal que imitava marionetes. Carvana não se conformou com o casamento, nem com a disposição do casal de viver sem os outros três.

"Eles uniram amor com o trabalho e consolidaram o casal. Não havia mais espaço para nós. De qualquer forma, separaram-se depois de algum tempo."

Tempos depois, Daniel Filho escreveu *Antes que me esqueçam*, em que conta as histórias passadas nesse apartamento. E Carvana prepara seu novo filme, *Casa da mãe Joana*, que narra a história de três amigos dentro de um apartamento.

O salto de qualidade

O Templo do Pecado foi uma festa. Mas antes dos anos de deleites carnais, Carvana amargava, lembram?, aquela tremenda fossa por causa da *crooner*. A fossa foi grande, mas não o suficiente para demovê-lo da idéia de seguir a carreira de ator. Mais uma vez, Joel Barcelos entrou em ação. Deparou-se com o amigo angustiado, rodeado de garrafas, e foi direto ao assunto:

– Pára com esse negócio de mulher. Está chegando um grupo de teatro de São Paulo que vai fazer teste para contratar uma parte do elenco aqui no Rio. Vamos lá.

E Carvana foi. O grupo era o Arena, o teatro engajado do momento no Brasil.

O mesmo teatro engajado que se fazia, na época, na Europa. Com as raízes fincadas em São Paulo, o Arena queria trazer sua vanguarda teatral para o Rio, onde pretendia criar um núcleo carioca da experiência paulista.

Carvana lembra, fascinado: "Depois de Nelson Rodrigues, foi a grande revolução no teatro brasileiro. Nelson era cronista da alma humana, com todas as suas perversidades e deformidades, mas o Arena injetava política na dramaturgia brasileira."

O Arena tornara-se uma verdadeira coqueluche em São Paulo. Naquele tempo, em geral, as companhias de teatro existentes juntavam duas ou três estrelas para fazer temporada de cinco ou seis meses. Depois, cada um seguia para seu canto e o grupo se desfazia. O Arena, não. Era um grupo de teatro em que seus integrantes tinham afinidades culturais e ideológicas e apostavam num trabalho contínuo. Consolidou-se com a proposta nova de investir na dramaturgia brasileira. Fundado em São Paulo, em 1953, entregou-se à missão de nacionalizar o palco brasileiro, que ganhou força a partir da estréia de *Eles não usam black-tie*, de Gianfrancesco Guarnieri, em 1958. Era a primeira vez que um personagem operário aparecia num palco brasileiro. O espírito da mudança germinava na produção artística brasileira, inspirado no engajamento político.

Pouco depois do Arena, outro grupo em São Paulo seguia a trilha da vanguarda e da brasilidade: o Oficina, dirigido por José Celso Martinez Corrêa, que passou meteoricamente pelo Arena, deixando claras as diferenças radicais entre os dois grupos. Criado em 1958 por um grupo de estudantes da Escola de Direito do Largo de São Francisco, em São Paulo, o Teatro Oficina deu um cunho brasileiro à experiência cênica internacional da década de 1960. Embora os dois grupos manifestassem uma forte preocupação com as questões brasileiras, no Arena prevalecia o rigor ideológico e, no Oficina, a busca formal para uma encenação anárquica. O terreno no Brasil, como se via, estava fértil para o florescimento da cena teatral autenticamente brasileira, que esperava sua vez desde que ficou de fora da Semana de Arte Moderna, em 1922.

O teatro brasileiro começava a conhecer um esplendor que mais tarde seria sufocado pela censura e pela repressão. Era final dos anos 1950, início da década de 1960. Vivia-se um dos momentos mais criativos da cultura brasileira. Os paulistas tinham criado o Teatro Brasileiro de Comédia, o Arena e o Oficina, fortalecendo a cena teatral. E o Rio, caixa de ressonância da cultura do país, escolhia a música, a literatura e o cinema e ainda era a capital federal. Juscelino Kubitschek governava sobre a efervescência da cidade. "Era uma loucura, uma loucura!", lembra Carvana.

A noite era frenética, os bares reuniam a nata dos artistas do país, a música surgia em cada esquina e a criatividade tomava as ruas da cidade com a sua gente. "O Rio pulsava, eram dezenas de espetáculos, o teatro de revista. E Juscelino, maluco, levou a capital embora."

A bossa-nova e, um pouco mais tarde, o Cinema Novo fincaram suas bandeiras com maior força na memória coletiva, que se impregnou dos sons e imagens registrados por esses movimentos. A bossa-nova, a princípio, com o movimento *Amor, sorriso e a flor,* e o Cinema Novo com o vigor da transformação. Mas o teatro emergia, naqueles anos, para a vida cultural e política do país com força e também desempenharia um papel importante no cenário artístico de vanguarda nacional.

Quando foi fundado em São Paulo, o Arena tinha à frente o diretor José Renato, formado na Escola de Arte Dramática de São Paulo. Por volta de 1956, José Renato chamou Augusto Boal para dividir com ele a direção do Arena. Não apenas o Arena buscava um estilo brasileiro de representação, como também passou a promover a nacionalização dos clássicos, abrasileirando, por exemplo, o teatro épico de Brecht.

Os recursos eram parcos. José Renato havia introduzido no Brasil uma maneira de se fazer teatro com pouco dinheiro, sem a necessidade de cenários, atuando em locais improvisados. Era uma opção estética. Boal descreve, em seu livro *Hamlet e o filho do padeiro*, sua impressão das modestas instalações do teatro: "Quando entrei na arena do Arena, quase fiz a pergunta ingênua, 'Onde fica o teatro?' [...] José Renato mostrou a miúda arena, minúsculos metros quadrados, cinco por cinco. Pouco maior que a sala de jantar. Devagar entendi que era ali a *arena* do Arena. Naquele pequenino *ali mesmo*, ali deveríamos fazer revoluções estéticas..."

A pequena arena e sua proximidade do público, como relata Boal, não permitia truques por parte dos atores. "Arena era olho no olho." Quando se juntou ao grupo de José Renato, Boal levou com ele a experiência prática do Actor's Studio, de Nova York, mas foram o curso de dramaturgia da Universidade de Colúmbia, na qual tinha estudado com John Gassner, e a teoria do russo Stanilavski que deram a ele a base para o desenvolvimento da sua própria dramaturgia. Essas teorias não eram para ser seguidas "servilmente", mas, sim, aplicadas à realidade nacional, criando um "estilo brasileiro". No Arena, Boal institucionalizou o Laboratório de Interpretação, e o trabalho do ator e com o ator passou a ser o centro do movimento teatral. Quando a atuação do Arena se deslocou também para o Rio, Carvana passou a beber as águas dessa fonte.

Ao chegar ao Rio para recrutar atores, o grupo já se consolidara como o primeiro na América do Sul a utilizar a cena circular envolvida pela platéia, que dispensava cenários e podia ser montada em locais improvisados, em que o público era convidado a compreender e a protagonizar a história brasileira. Do núcleo formador desse teatro, faziam parte Oduvaldo Vianna Filho, o Vianinha, Boal, Guarnieri e Chico de Assis.

Até o surgimento do Arena, a tendência dominante no teatro brasileiro era o rigor formal, quase solene, do Teatro Brasileiro de Comédia (TBC). O TBC também foi criado em São Paulo, porém mais cedo, em 1948, pelo industrial italiano Franco Zampari, para abrigar os grupos de teatro amador. Transformou-se em uma companhia profissional, que aproveitou os melhores atores desses grupos, aos quais se agregaram outros, provenientes do Rio. Era o "primo rico" do Arena, como dizia Boal, que distribuía bons salários, e estes, não atrasavam nunca. Em pouco tempo, o TBC chegou a possuir o melhor elenco jovem do país, em que se distinguiam Cacilda Becker, Tônia Carrero, Fernanda Montenegro, Cleyde Yáconis, Nydia Lícia, Nathalia Timberg, Tereza Rachel, Paulo Autran, Sérgio Cardoso, Jardel Filho, Walmor Chagas, Ítalo Rossi e muitos outros. A encenação, à qual a burguesia paulistana comparecia em traje a rigor, era confiada a europeus como Adolfo Celi, Luciano Salce, Ruggero Jacobbi, Ziembinski, Flaminio Bollini Cerri, Maurice Vaneau, Alberto D'Aversa e Gianni Ratto. Ela renovou a estética do espetáculo brasileiro, embora a linguagem seguisse os passos do teatro europeu.

Assim como o TBC, o Arena era um grupo de repertório, que podia montar de Tchekov a Plínio Marcos e Nelson Rodrigues. Para Carvana, essa era a grande força do teatro. "As pessoas se juntavam para montar um repertório, para criar um estilo, uma história. O teatro importante e de sucesso que se fazia no Brasil, na época, era o TBC, que montava clássicos da dramaturgia mundial, como Ibsen e Anhouill."

A diferença, porém, era que o Arena introduziu um novo estilo. "Os atores do TBC, do naipe de Cacilda Becker, Walmor Chagas e Paulo Autran, tinham uma postura clássica, um estilo de representação europeizado. Não que eu esteja criticando, mas era assim." O Arena se dedicou a criar uma dramaturgia brasileira e investiu em uma nova formação do ator.

Ponto de partida e um de seus maiores sucessos, *Eles não usam black-tie*, de Guarnieri, ficou mais de um ano em cartaz e iniciou a linha de prestígio da dramaturgia brasileira. O que fazia do Arena um teatro revolucionário em sua postura política e social era o conceito de que o movimento teatral é permanente e não apenas uma diversão que perdura algumas horas e acaba. O teatro em São Paulo era ocupado pelo grupo também no decorrer do dia e durante toda a semana. Ali eram realizados seminários de dramaturgia, de representação e oficinas. O grupo ocupava o espaço a partir do meio-dia e extraía da bilheteria do teatro a sua remuneração.

Carvana se deslumbrava com aquele admirável mundo novo e queria consolidar essa experiência politizada no Rio. "Era tudo comunista, aquele tipo de gente que faz do comunismo uma religião. Stalinismo mesmo. Para mim foi uma transformação radical. Passei a ter orgulho do que fazia e a ter a consciência de que meu trabalho era uma missão."

O Arena passou também, mais tarde, pela fase dos musicais, expressa por *Arena conta Zumbi* e *Arena conta Tiradentes*, de Guarnieri e Boal, que utilizavam dois heróis históricos, sacrificados na luta pela liberdade, como metáfora contra a opressão.

Eles não usam black-tie havia se tornado um grande sucesso em São Paulo e os seminários de dramaturgia resultaram em algumas peças, como *Chapetuba Futebol Clube*, de Vianinha, outro grande sucesso, em que o autor já revelava firmeza ideológica na análise dos problemas sociais. O trabalho do grupo teve tanta repercussão no Brasil que eles resolveram ir para o Rio fazer sua primeira temporada na cidade, bem no final dos anos 1950. Queriam montar *Black-tie*, *Chapetuba* e uma outra peça surgida também dos seminários, chamada

Revolução na América do Sul, de Augusto Boal. Trouxeram o elenco de São Paulo e fizeram teste para contratar quatro ou cinco atores. Boal era quem fazia os testes. A idéia era criar no Rio um núcleo teatral, mas também ideológico do Arena.

Carvana e Joel se apresentaram e passaram no teste para fazer *Revolução na América do Sul,* de Boal, que era autor e diretor. Carvana foi contratado pelo grupo, que tinha ainda no elenco atores como Dirce e Flávio Migliaccio, Nelson Xavier e Milton Gonçalves. "Tudo foi para mim uma grande descoberta. Ensaiando e vivendo com eles, descobri a ideologia."

Carvana despertou para algo novo. Revelou-se para ele, no Arena, a "função social da arte", e ele aprendeu que arte era muito mais importante do que simples entretenimento. Descobriu que havia um modo de representar brasileiro.

"Entendi que eu devia recriar o homem brasileiro e abrir mão daquela visão anterior elitizada, aristocratizada." A transformação para o ator era inimaginável. Até então, as peças montadas no Brasil eram os clássicos, os autores gregos. O TBC havia trazido os diretores europeus. "Era um trabalho importantíssimo, mas o estilo de representação era europeu. Para mim o Teatro de Arena de São Paulo foi um salto qualitativo na vida."

O Arena quebrou com o formato clássico de fazer teatro. Levou para o palco a realidade brasileira. Ali, era o brasileiro que estava no cerne da discussão, com seus problemas, sua rotina, suas angústias. Além disso, transmitiu uma maneira nova de atuar, mais próxima do comportamento e do modo de falar do brasileiro. Adotou o tom coloquial, eliminando um modo de representar mais afetado e menos autêntico. "Para mim, como ator, foi uma pancada na cabeça", diz Carvana. Pela primeira vez, ele começava a encarar a vida como uma unidade política, em que se misturavam o trabalho, os amigos, o lazer e o amor. Não era apenas o teatro que estava em jogo. O trabalho do Arena não era só ensaiar a peça. Era também *fazer* a cabeça. Carvana entendeu que havia algo de mais profundo em representar.

A partir da largada para sua formação ideológica, Carvana passou a olhar sua profissão com outros olhos e a negar tudo o que havia feito até ali. Isso significava rejeitar as chanchadas no cinema e tudo o que não tivesse um viés político. "Quando virei comunista, eu neguei tudo. Passei a achar que chanchada era alienante."

Mais tarde, e depois de já ter feito mais de 30 filmes nesse estilo, Carvana arrependeu-se dessa postura e admitiu que cometeu um erro. Fez sua autocrítica quando já havia entrado de cabeça no Cinema Novo.

Durante todo o ano de 1959, Carvana fez *Revolução na América do Sul*. Era um elenco de peso, com Agildo Ribeiro, Vianinha e Fregolente – que Carvana adorava e que atuou em *Vai trabalhar vagabundo* – e outros. Mas por volta de 1960, o grupo se dissolveu. Houve um racha interno. Segundo Carvana, a divisão deu-se por problemas administrativos e ideológicos. Um grupo achava que se devia ceder ao sucesso e reduzir a carga ideológica, *abrindo* mais. Outros, a maioria do Partidão, achavam que o teatro tinha que estar a serviço da ideologia e do partido. A partir daí, o Arena começou a cindir.

Apesar de Joel Barcelos dizer, na época, que o Arena tinha virado "teatro para burguês arrotar o jantar", a briga foi civilizada. O racha, como disse Boal, foi "produto de divergências em nossas idéias e não de conflitos em nossos afetos". Joel, Boal, Vianinha, Chico de Assis e outros queriam "ampliar para o povo". Saíram do Arena e foram fazer teatro de rua e teatro político "mais pesado".

No racha, Carvana ficou indeciso. Afinal, como ele diz, nessa história toda ele era massa de manobra. Não era liderança, como Vianinha, Boal e Guarnieri. Um grupo foi fazer teatro na Faculdade de Arquitetura, do Rio, e estreou com a peça *A mais-valia vai acabar, seu Edgar,* de Vianinha, com direção de Chico de Assis.

Enquanto o Arena agitava com as discussões internas, o governo construía no Rio o Teatro Nacional de Comédia (TNC), no prédio onde hoje funciona o Teatro Glauce Rocha, na avenida Rio Branco. Inaugurado em 1960, era uma companhia estável de teatro, a companhia nacional. A idéia, que nasceu no governo JK, num órgão federal dirigido por Edmundo Muniz, responsável pelo TNC, funcionou até 1964. Depois, permaneceu o prédio que, mais tarde, converteu-se no Teatro Glauce Rocha. O órgão do governo responsável pelo TNC deu origem, mais tarde, ao Serviço Nacional de Teatro, em seguida ao Instituto Nacional de Artes Cênicas (Inacen), à Fundação Nacional de Artes Cênicas (Fundacen) e, afinal, reduzida, no governo Collor, a um pequeno departamento da atual Funarte. Essa experiência fez com que Carvana lamentasse que o Brasil não tivesse mantido uma companhia nacional de teatro e um órgão responsável mais forte.

"Todo país sério precisa ter seu grupo oficial de teatro. A França tem a Comédie Française, a Inglaterra o Royal Shakespeare Theater. Esses grupos montam a dramaturgia de seus países, formam atores, se transformam em escola de dança e escola de canto."

José Renato, que seguiu o outro caminho, foi dirigir peças no então recém-criado Teatro Nacional de Comédia, em que atores, diretores e autores eram contratados como funcionários do governo para fazer parte de um corpo estável. O diretor convidou Carvana, enquanto os outros que permaneceram no Arena o chamavam para prosseguir com o teatro politizado. Depois de um breve impasse, Carvana escolheu a segurança e o salário e partiu para o TNC. Saiu com a impressão de que o pessoal do Arena ficou um "pouquinho magoado", mas nunca deixou de freqüentar os ensaios, peças e shows daquele grupo.

No Teatro Nacional de Comédia, Carvana estreou dois clássicos do teatro brasileiro: *Pagador de promessas*, de Dias Gomes, e *O Boca de Ouro*, de Nelson Rodrigues. O grupo, que incluía Francisco Milani e Oswaldo Louzada no elenco, estreou em Montevidéu, em 1961, e veio subindo o Brasil pelo Sul. José Renato era o diretor das duas peças e, nessa época, tinha um maior conhecimento do teatro.

Na volta ao Rio, Carvana foi convidado pelos antigos companheiros e estreou *Meia-volta vou ver,* de Vianinha, Paulo Pontes e Armando Costa. A essa altura, o TNC também havia se engajado e começou a criar espetáculos mais politizados.

Quando o Arena se bifurcou, alguns, como Boal, decidiram voltar para o Arena de São Paulo. Outros como Vianinha, Chico de Assis se enturmaram com intelectuais do Rio ligados ao Partido Comunista, como Ferreira Gullar, Teresa Aragão, Leon Hirszhman, Carlos Estevão, Armando Costa, João das Neves e reforçaram o núcleo ideológico, fortalecendo a função política do teatro. Mais adiante, uniram-se à União Nacional dos Estudantes (UNE) e criaram os Centros Populares de Cultura (CPCs), por volta de 1962.

Os CPCs promoviam espetáculos populares montados em caminhões, em praça pública, que discutiam os problemas da população: miséria, salário, pobreza, doença. "De vez em quando eu ia lá, visitava eles, ficava na coxia, via os espetáculos." Nesse tempo, Carvana fazia a temporada do TNC. No mesmo ano, fez também um filme chamado *Esse Rio que eu amo,* de Carlos Hugo Christensen, um diretor argentino que andava por aqui. Era um filme de episódios sobre o Rio e Carvana atuou no episódio *Noite de almirante,* com base num conto de Machado de Assis, com Tônia Carrero, Daniel Filho, Agildo Ribeiro e Mauricio Loyola. Aí, veio o golpe de 1964. "A barra pesou."

Os Centros Populares de Cultura foram proibidos em todo o território nacional. Botaram fogo no teatro novo que a UNE tinha construído para os CPCs. Carvana viu quando puseram fogo no teatro novinho, ali na Praia do Flamengo, no dia do golpe. "Era aquela gente da extrema direita, o Comando de Caça aos Comunistas (CCC). Cheguei e vi o cordão de isolamento e a UNE pegando fogo. O teatro acabou. Um ano depois, estávamos todos no Opinião."

Quando o Arena veio para o Rio, fazia seus ensaios num teatro da rua Siqueira Campos, em Copacabana. O local passou a ser chamado durante um período de Núcleo Dois, referindo-se à sede em São Paulo. Foi nesse mesmo lugar que o grupo começou os ensaios de um musical que se chamaria *Opinião*.

A hegemonia da censura se instalou quando veio, em 1964, o golpe militar. A partir dos grupos mais engajados, como o Arena e o Oficina em São Paulo, e o Opinião, no Rio, firmou-se um teatro de resistência à ditadura, liderada por dramaturgos como Guarnieri, Boal, Dias Gomes, Vianinha e Plínio Marcos. E um número incontável de peças conheceu a interdição.

Mas até 1968, era possível trabalhar. "Mesmo com a ditadura, a gente se expressava de alguma maneira, com o show *Opinião*, com a peça *Liberdade, liberdade* – colagem de textos de Millôr Fernandes e Flávio Rangel, tendo como atores Paulo Autran e Tereza Rachel –, e, principalmente, num restaurante chamado Zicartola, que era o nosso gueto de resistência democrático e cultural, onde grupos de samba se apresentavam, onde Zé Kéti se apresentava cantando '*podem me prender / podem me bater / que eu não mudo de opinião*', onde Paulinho da Viola mostrava pela primeira vez os seus sambas... O Zicartola faz parte da minha vida, por outro lado, pelo prazer, pela alegria, por enfrentar a ditadura com humor e com música. Quando chegou 1968, a alegria acabou. Aí veio uma cortina negra."

Os tempos, dali em diante, seriam outros. Mesmo com a repressão violenta da ditadura, principalmente com o Ato Institucional nº 5, de 1968, Augusto Boal ainda conseguiu fazer a experiência do *Teatro Jornal*, primeiro passo de seu Teatro do Oprimido, que se desenvolveu no exterior nas formas do Teatro Invisível e do Teatro-Foro. Mas seu exílio, em 1971, interrompeu a grande trajetória do Teatro de Arena.

Contudo, no período em que o Arena reluzia com todo seu vigor, outro grupo de jovens criava no Brasil um movimento cinematográfico de vanguarda. Esse grupo se apaixonou pelo Arena, quando ele veio para o Rio, e todo dia assistia aos espetáculos e participava dos laboratórios. Esses jovens ainda não sabiam, mas neles germinava o embrião do Cinema Novo.

Cinema Novo

Na década de 1950, o cinema era uma manifestação cultural nacional verdadeiramente popular, a "diversão do povo". Esse cinema popular foi apoiado por Getúlio Vargas até o fim, quando se suicidou, em 1954. A partir de 1945, São Paulo vivia uma efervescência cultural que, além de produzir uma companhia teatral importante (TBC – 1948), dois museus de arte, uma bienal de artes plásticas, uma filmoteca, propiciou também o surgimento de três companhias cinematográficas – a Vera Cruz, a Maristela e a Multifilmes (esta durou pouco tempo).

A Companhia Cinematográfica Vera Cruz, fundada em 1949 – e responsável por filmes como *Tico-tico no fubá* (1952*),* de Adolfo Celi, com base na vida do compositor Zequinha de Abreu, *O cangaceiro* (1953), de Lima Barreto, e *Floradas na serra,* do italiano Luciano Salce –, produzia filmes para mostrar que, no Brasil, também se podia fazer filme "sério", e não só chanchadas. Na trilha da Vera Cruz surgiu a Maristela, que acabou se dedicando a comédias rápidas e baratas, co-produções nacionais e internacionais e filmes de encomenda.

O cinema, então, preparava sua nova face, que se distanciaria da chanchada, produzida nas décadas de 1930, 1940 e, mesmo, 1950, quase sempre no Rio. Em meio a um mercado dominado pela produção americana, a chanchada garantia a presença brasileira nas telas do país. Vinculada ao surgimento do cinema sonoro, a chanchada se firmou como um tipo de comédia-pastelão, cheia de trocadilhos e situações rocambolescas, que tinha toques carnavalescos e criticava, sem compromisso, os políticos, costumes e instituições nacionais.

Numa época em que não havia televisão, os grandes cantores se exibiam nos filmes, e as chanchadas serviam de plataforma de lançamento para as músicas de carnaval. Os ídolos populares eram os ídolos do cinema. A chanchada foi a primeira respiração de vida para Carvana e, com ela, a música se instalou definitivamente em seu coração. Os elementos da chanchada seriam retomados mais tarde por ele, quando começou a dirigir seus próprios filmes.

Mas a partir dos anos 1950, a cena cultural mudava de feição. Pouco antes da hecatombe do golpe militar e ainda percorrendo o final dos anos 1950 e o início da década de 1960, a paisagem era das mais férteis. Fervilhava o Rio e também a cultura brasileira. Em 1958, surgia a bossa-nova, um movimento musical desconcertante e inovador que ganhou força nos anos 1960 e tinha como principais representantes João Gilberto, Tom Jobim e Vinicius de Moraes. Tudo se movimentava com vigor e originalidade. A conscientização política e o desejo de transformação buliam com as artes e os artistas. Embora sem uma marca política visível, a bossa-nova agitava a música. O teatro revolucionava a cena artística no Rio e em São Paulo. E, por fim, o cinema começava também a desenhar sua nova cara. Nosso herói, bebendo dessas águas.

Desse panorama, um grupo de jovens universitários, apaixonados por cinema, movimentava-se no cenário cultural em ebulição. Atentos às mudanças de comportamento e de mentalidade da época, eles fundaram cineclubes, em que discutiam os destinos do país e descobriam uma nova estética cinematográfica. Entre esses jovens, e nos cineclubes que criaram, foi lançada a semente do Cinema Novo. E com ela, como se observou mais tarde, a missão de criar uma arte transformadora no país. Ficou estabelecido, então, à medida que o Cinema Novo se desenvolvia, que uma de suas tarefas era destruir a chanchada. "Era a maneira que viam de se impor e contestar o poder existente do cinema." E foi o que conseguiram, não sem arrependimento, revelado tardiamente por Carvana.

"A chanchada tinha consolidado um estilo. Não entendíamos, naquele momento, que cinema é uma arte eminentemente popular. Por isso, o Cinema Novo interrompeu esse caminho que o Brasil trilhava de forma original. Como nosso discurso era estruturado e éramos consistentes no que falávamos, a mídia nos recebeu de braços abertos e a repercussão foi enorme. Achávamos que a chanchada não traduzia o homem brasileiro. Então, embarquei nessa canoa e fechei a porta do passado."

Carvana se referia ao passado, recente então, de mais de 30 chanchadas que havia feito antes de se engajar no Cinema Novo.

"A chanchada me deu o lúdico. Ela me deu a brincadeira, a irreverência, a musicalidade. Eu não posso dizer que uma escola é mais importante que a outra, são complementares. Como ator, fiz um trabalho racional, político. Mas quando fui ser diretor, fiz filmes ligados à chanchada", diria ele, tempos depois, em uma entrevista.

Não só ele, mas o próprio Glauber Rocha repensou a questão. Foi durante a filmagem de *O leão de sete cabeças*, que Glauber rodava na África, em 1969. Carvana tem a cena viva na memória.

"Uma noite, a gente estava na beira do rio Congo e falávamos sobre esse assunto quando eu disse: 'Pô, Glauber, nós entramos pesado com o Cinema Novo.' E ele me respondeu: 'Carvana, até hoje eu me arrependo apenas de uma coisa: de ter feito o que fizemos com a chanchada brasileira. Mas a gente precisava fazer...'"

Ao mesmo tempo que Carvana se distanciava da chanchada, aproximava-se do cinema de vanguarda por meio do Arena. Os jovens cineclubistas freqüentavam o Arena, tinham afinidades com aquele grupo e com ele absorveram a capacidade de organização e do trabalho coletivo. Eram oriundos da UNE e muitos colaboravam com o jornal *Metropolitano,* do movimento estudantil – jovens como Joaquim Pedro de Andrade, Cacá Diegues, Arnaldo Jabor, David Neves –, que freqüentavam os seminários de dramaturgia, trazidos pelo Arena para o Rio.

Entusiasmados com o engajamento e aquela forma de fazer teatro, encontraram ali um espaço de cultura próximo ao seu sonho em relação ao cinema. À medida que começavam a trilhar seus caminhos pelo Cinema Novo, buscavam no Arena os também jovens e engajados atores. Esses diretores iniciantes se transformaram em talentosos profissionais, que formaram o núcleo criador do Cinema Novo. E era com os atores do Arena que eles queriam fazer filmes, porque eles tinham o nível de consciência política que precisavam e desejavam.

"Antes do Arena, havia a Companhia dos Atores do Jaime Costa, de Madame Morineau, a Cia. Tonia, de Adolfo Celi, a Procópio Ferreira. Era um grupo a serviço das grandes estrelas. Um grupo coeso, com unidade ideológica, estética e cultural, mas de outra geração e de outra linguagem."

Os jovens diretores, que queriam fazer cinema, preferiam os atores do Arena. Carvana, que tinha participado do processo de transformação no teatro, acabou entrando para o Cinema Novo, que estava nascendo e revolucionaria o cinema no Brasil.

"Tenho muito orgulho de ter participado de um processo de transformação no teatro que acabou me levando para um novo processo de criação no cinema porque, naquele momento, nascia um cinema brasileiro diferente."

Recentemente, em depoimento no filme *O sol*, de Tetê Moraes e Martha Alencar, Arnaldo Jabor disse que o Cinema Novo "teve o valor de trazer para os olhos da população uma realidade nova, que passou a ocupar as telas: a favela, o sertão, a pobreza".

Era um cinema diferente da chanchada, que se produzia no Rio, e daqueles filmes feitos pela Vera Cruz ou a Maristela, de São Paulo, que filmavam melodramas como *Floradas na serra*, com Cacilda Becker e Jardel Filho, amores impossíveis, histórias lacrimejantes.

"Esses jovens traziam para o cinema a mesma discussão do teatro. E vários deles eram também comunistas, como Leon Hirszhman."

O primeiro núcleo do Cinema Novo era formado por Cacá Diegues e Arnaldo Jabor, que faziam política na PUC, onde estudavam. Eles criaram um cineclube dentro da PUC, a partir do jornal estudantil *Metropolitano*. Foi o tempo em que se freqüentava os Cineclubes para ver filme europeu. "Iam ver os expressionistas alemães, umas coisas francesas antigas, o René Clair, e acabaram se aproximando, também em função da bossa-nova, que tinha nascido bem antes. Todas as novidades que chegavam, acabavam se interligando."

A verdade é que a crescente conscientização política, aliada a uma fase de fertilidade ímpar na produção artística brasileira, fazia com que convergissem todas as manifestações culturais da época: o teatro, o cinema, a música, a arquitetura e as artes plásticas. Carvana, como poucos, foi sujeito e intérprete desses tempos.

Arregimentado pelo pessoal do Cinema Novo, Carvana começou a fazer filmes com essa turma que despontava. Ele já havia feito umas 30 chanchadas, partiu para trabalhar no Arena e, agora, voltava ao cinema pelas mãos de um jovem diretor moçambicano que chegava ao Brasil depois de morar muitos anos na França. Ruy Guerra havia estudado no L'Institut des Hautes Études Cinematographiques (IDHEC), a célebre escola de cinema de Paris.

"Fui apresentado a ele pelo Sergio Ricardo. Como eu tinha uma mulher que cantava na noite, eu também vivia na noite. Na verdade, para não ter que ficar na boate dela o tempo inteiro esperando ela acabar o show, eu ficava indo para as outras boates, esperando a hora de ela acabar. Então, em vez de ficar sentado lá esperando ela que nem um babaca, eu ficava passeando pelas boates. Tinha uma, chamada Jirau, na Rodolfo Dantas, em Copacabana, que tinha um pianista e *crooner* chamado Sergio Ricardo."

Os dois logo ficaram amigos. Carvana seguia para a boate onde ele tocava e ficava tomando uísque. Um dia, em meio a uma conversa sobre cinema, Sergio disse a Carvana que tinha chegado ao Brasil um cara fantástico chamado Ruy Guerra. Sergio gostava de cinema e tocava piano para ganhar a vida. Ele contou a Carvana que havia combinado com Ruy de dar a ele "umas aulas de piano" em troca de aulas de filosofia. "Uma noite, Ruy entrou na boate e acabamos ficando amigões, irmãos. Ele resolveu produzir um filme no Brasil chamado *Os cafajestes* e me chamou pra fazer uma pontinha." Foi o primeiro filme que Carvana fez do ciclo moderno do cinema brasileiro. *Os cafajestes* provocou, na época, um grande escândalo, por causa da cena de nu frontal de Norma Bengell e do seu caráter amoral.

Mais uma vez, Carvana rodopiava no meio do turbilhão daquilo que de mais importante acontecia na cultura brasileira. Ele recorda que Ruy Guerra foi a primeira pessoa com quem conversou sobre cinema de uma forma diferente. "Logo me identifiquei com ele, que sempre teve uma enorme capacidade de transmitir a sua linguagem cinematográfica. Com ele comecei a entender o que era uma lente de cinema, as diferenças de uma para outra."

Nessa época, por volta de 1962, todos freqüentavam o Fiorentina, no Leme. Carvana morava no Leblon e costumava ir a pé, pela praia, com Ruy, conversando sobre cinema. Carvana acompanhou a produção de *Os cafajestes* (1962) de cabo a rabo e viu a revolução que foi aquele filme.

Antes de fazer *Os cafajestes*, Ruy havia escrito uma história que se passava na Grécia, sobre pessoas famintas, miseráveis, que invadiam uma cidade para roubar comida e eram ameaçadas por lobos. Como não conseguiu dinheiro para filmar na Grécia, resolveu fazer uma adaptação dessa história para o Nordeste brasileiro, mas, em vez de lobos, as pessoas eram ameaçadas por soldados. Nascia assim o roteiro de *Os fuzis* (1963), que foi realizado depois de *Os cafajestes*. Ruy chamou Carvana para fazer um dos personagens principais, um soldado. Foi o seu primeiro grande papel no cinema.

"Aí, pude ver e aprender na prática tudo aquilo de que Ruy me falava. É um dos mais belos filmes brasileiros, uma obra-prima. *Os fuzis* mobilizou a comunidade cinematográfica de tal modo que nós, atores, Nelson Xavier, Joel Barcelos, eu, viramos símbolos. Ruy sabe dirigir. O ator em seus filmes tem um tipo de trabalho muito ligado à lente, porque ele trabalha sempre com três planos. E o terceiro plano é sempre muito importante. Seu foco é preciso e o ator tem que ser preciso."

Para Carvana, *Os fuzis* é o filme mais moderno da época. Depois de *Os cafajestes*, esse núcleo do Cinema Novo começava a se consolidar. "Nesse mesmo tempo, chegava da Bahia um cidadão maluco chamado Glauber Rocha, que também, lá na Bahia, tinha formado um grupo, com Luiz Carlos Maciel, Paulo Gil Soares, Rogério Duarte. Eles faziam um cinema novo na Bahia, Glauber já tinha feito *Barravento*. Começaram a fazer cinema lá com uma estrutura totalmente precária. Vinham buscar alguma coisa técnica aqui, mas o filme era rodado lá. De lá vieram atores como o Antonio Pitanga, que ainda se chamava Antonio Sampaio, Luíza Maranhão, uma atriz negra bonita que hoje mora na Itália, Geraldo Del Rey, Othon Bastos. E Glauber, como vinha para o Rio finalizar os filmes dele, se juntava a esse pessoal daqui."

Se a experiência do Arena revelara a Carvana a ideologia, o Cinema Novo reafirmou a necessidade da ação política na cultura. Embora nunca tivesse se filiado ao Partido Comunista, Carvana se considerava "massa de manobra" e cumpria as tarefas partidárias. "Eu era o que se chamava de inocente útil", brinca. "Mas meu mestre, meu guru, era o Leon Hirszhman, que tinha como missão fazer a minha cabeça e a de outros." Ele lembra uma história contada por Fernanda Montenegro na filmagem de *Eles não usam black-tie*, que Leon dirigiu no cinema. Antes de filmar a famosa cena do final, na qual a atriz aparece sentada à mesa, escolhendo feijão ao lado de Guarnieri, Leon disse: "Nós vamos fazer uma homenagem aos mestres russos." Todo mundo entendeu e a cena foi filmada de uma só vez. "Com ele aprendi o apuro na direção de ator. Ele, como Ruy, era mestre nisso."

Depois de *Os fuzis*, Carvana recebeu um convite de outro diretor que começava a se destacar no Cinema Novo. Cacá Diegues preparava a filmagem de *A grande cidade*. A experiência com quase todos os diretores do Cinema Novo dava a Carvana um panorama particular do estilo de cada um. Para ele, Leon tentava sempre traduzir ideologicamente o que fazia, e construía o personagem por meio da ideologia. Preferia trabalhar com atores ideologicamente afinados com ele.

Cacá Diegues, segundo Carvana, era mais romântico – desde que tinha feito *Escola de samba, alegria de viver*. "É uma figura extremamente doce. Generoso, delicadíssimo com os atores. É uma dama, uma das pessoas mais educadas e delicadas que conheci profissionalmente. Ele sabe transmitir para o ator o que quer, só que não tinha o discurso soviético de Leon, nem a rigidez do Ruy."

Ao discorrer sobre o Cinema Novo na *Enciclopédia do Cinema Brasileiro* (Editora Senac, 2000), Paulo Antonio Paranaguá afirma que "Cinema Novo é paradigma de cinema brasileiro em liberdade". De fato, ao mesmo tempo que julgava necessário romper com o passado, rejeitando a chanchada e as estruturas vigentes, o movimento cinemanovista se desvencilhava de qualquer dogma, sem estabelecer regras estéticas a ser seguidas. "Nenhuma figura resume todo o Cinema Novo", diz Paranaguá, "nem mesmo Glauber Rocha, o seu maior agitador e porta-voz." Segundo Paranaguá, os próprios cineastas eram "personalidades criativas em movimento, sempre à procura de novos desafios temáticos e estilísticos".

O movimento – que nascia atento aos passos do Arena, ao movimento dos cineclubes e à influência das escolas de cinema da Europa e da crítica francesa, que apontava para um cinema de autor – já emitia seus primeiros sinais com *Rio 40 graus*, que Nelson Pereira dos Santos filmou em 1956. Pouco depois, surgiam os curtas *Arraial do Cabo*, de Paulo César Saraceni e Mario Carneiro (1959), *Couro de gato*, de Joaquim Pedro de Andrade (1960), e *Barravento*, de Glauber Rocha (1960-1961), que marcava o chamado "surto baiano". Embora tenha conquistado a pronta adesão dos baianos, liderados por Glauber Rocha (que via em Humberto Mauro o marco do novo cinema brasileiro), o Cinema Novo se concentrou em terras cariocas. Thomaz Farkas representava brilhantemente São Paulo na produção de documentários, mas os novos diretores convergiram para o Rio.

Mais tarde, já enredados pelo movimento estudantil e a criação do Centro Popular de Cultura, é que surgem Cacá Diegues, Leon Hirszhman, Ruy Guerra, Arnaldo Jabor, David Neves, Gustavo Dahl, Geraldo Sarno, Paulo Gil Soares, Eduardo Escorel, Maurice Capovilla, entre outros.

Carvana trabalhou com vários deles e todos se conheciam. Nessa época, foi dirigido por Gustavo Dahl em *O bravo guerreiro* (1968), por Cacá Diegues em *Os herdeiros*, por Joaquim Pedro de Andrade em *Macunaíma* (1969) e por Arnaldo Jabor, em *Pindorama* (1970). Cada um com seu estilo. Jabor, segundo Carvana, era "muito angustiado". "Sempre rodava um *take* achando que não estava certo, que ele estava errado, que não ia dar certo. Não acreditava que pudesse ser capaz. Era aquela coisa meio Woody Allen, mas trabalhar com ele era uma diversão. Hoje ele é uma figura muito segura."

De Joaquim Pedro ele destaca a elegância. "Era formalmente elegantíssimo, como diretor, não como mestre. Era um diretor extremamente elegante, mas o menos interessado na direção do ator." Essa atenção aos diretores indica que já despertava em Carvana o interesse em dirigir seus próprios filmes, mas ele garante que não. "Filmar é também a arte da espera. Dependendo do fotógrafo, o ator pode ficar quatro horas esperando para filmar um plano. Então, para não ficar de mau humor, você relaxa e, sem querer, aquilo vai incorporando. Além disso, meus amigos eram todos de cinema. Quando não estava filmando, estava falando de cinema, analisando roteiros, falando mal da luz de alguém."

Logo que chegou da Bahia, Glauber se juntou aos outros no Rio. Ele tinha acabado de fazer *Barravento*. E Carvana, como era dublador ("era com dublagem que eu ganhava mesmo algum, era assim que eu pagava aluguel"), e tinha dublado *Barravento*, conheceu Glauber e foi convidado por ele para fazer *Terra em transe* (1967). Naquele tempo, por questões de técnicas sonoras não muito eficientes, os filmes brasileiros tinham que ser dublados para melhor compreensão nas telas.

Acostumado com os outros diretores, Carvana estranhou. Ao contrário de Hirszman e Ruy Guerra, Glauber não orientava o ator, preferia que ele não soubesse de nada e, se possível, que não fosse inteligente.

"Glauber queria que o ator fosse uma folha em branco. Para ele, a função do ator era recriar aquela alegoria que ele tinha como visão do filme, aquela coisa barroca e metafórica. Ele omitia as informações. Se você perguntasse qual era a motivação do personagem, ele dava um *esporro*. 'O que é que estou fazendo aqui?' era uma pergunta que não se fazia a Glauber. Aí o ator ficava nervoso. Ele estimulava esse nervosismo. Se você dissesse que não podia fazer o papel bem feito se não soubesse minimamente o que era, ele dizia que não tinha que saber. E quando o ator chegava ao nível máximo do paroxismo da angústia, aí ele estava pronto para rodar." Carvana não tem idéia de como isso funcionava, mas recomenda que se veja o resultado na tela.

Importante atriz do Cinema Novo e amiga de Carvana dessa época, Odete Lara tem a mesma lembrança do jeito Glauber de dirigir. Ela recorda a primeira vez em que foi dirigida por ele. Foi na filmagem de *Câncer* (rodado em 1968), com Carvana e Antonio Pitanga. Só ela era novata nos filmes de Glauber. O diretor telefonou para os três na véspera e disse que, às seis da manhã do dia seguinte, passaria na casa de cada um para apanhá-los. Iam filmar. Nenhum dos três tinha noção do que era. "Ele nos apanhou e levou para aquele areão da Barra da Tijuca e nos disse para fazer a cena", conta Odete. 'Mas e o *script?*', perguntou ela. 'Não tem *script*', disse Glauber. Todos ficaram apavorados. Tratava-se de um triângulo amoroso e mais que isso não se sabia. Sem saber o que fazer, Odete diz que partiu para cima de Carvana, jogando nele toda a sua *neura*. "Carvana ficou espantado", conta a atriz, "mas começou a reagir". "Começamos um enredo que não existia e era exatamente isso o que Glauber queria. Foi minha primeira improvisação e eu não sabia fazer isso, mas o Carvana era mais descolado. Foi uma experiência muito interessante."

A experiência foi igualmente surpreendente para Carvana. Na sua versão, ele conta que Glauber avisou que não viajariam para Milagres, para fazer *O dragão da maldade contra o santo guerreiro* (que Glauber filmaria mais adiante, no mesmo ano), porque o dinheiro não tinha entrado. Dois dias depois, ligou:

— Carvana, vamos filmar amanhã.
— Mas como? Vamos viajar?
— Não, é outro filme.
— Que filme?
— Não importa, vamos filmar amanhã. Às oito, na Mapa Filmes, na Urca.

Mapa Filmes era a produtora dos filmes de Glauber.

– Então, tá. Mas que filme é esse?
– Não, não, olha só, é você, Odete Lara, Pitanga, Hélio Oiticica, Rogério Duarte. Amanhã às oito, todo mundo aqui.

Em seguida, Carvana ligou para Odete:
– O Glauber te ligou?
– Ligou para você também? Não entendi nada.

"Não era para entender mesmo. Chegamos lá, tinha uma Kombi e as câmeras e tudo", lembra Carvana.
– Então, vamos filmar? – disse Glauber.
– Mas filmar o quê? – insistia Carvana.
– Vamos filmar.

"Fomos todos para a Barra da Tijuca e filmamos *Câncer*, seu único filme *udigrúdi*. Glauber estava desesperado com a demora do *Dragão*, e justamente naquela época começava a briga entre o Cinema Novo e o Underground, que renegava o cinemanovismo. Por causa disso, e para responder aos diretores do Underground como Júlio Bressane, Rogério Sganzerla, Neville D'Almeida, Andrea Tonaci, ele resolveu mostrar que também sabia fazer aquilo."

A história foi filmada em quatro dias, e Carvana não se lembra do conteúdo do filme. *Câncer*, na verdade, é a história de um triângulo amoroso – Carvana, Odete e Pitanga – e aborda os temas preferidos da contracultura na época, como problemas conjugais da classe média, drogas, sexualidade, racismo. Filmado em preto-e-branco, 16 mm, com alto grau de improvisação, marcava a experiência de Glauber com a estética do Cinema Marginal. O filme surgiu, segundo Fernão Pessoa Ramos na *Enciclopédia do Cinema Brasileiro,* a partir de conversas de Glauber com o cineasta francês Jean-Marie Straub sobre o plano-seqüência. "Foi filmado com a proposta de que cada plano durasse um chassi da câmera Éclair (de

11 a 12 minutos), totalizando 27 planos com três atores improvisando situações."

Essas experiências marcavam profundamente Carvana, que já havia despertado para a técnica de Ruy Guerra e Leon Hirszhman. E ele se impregnava de cinema, com sua turma de cinema e os papos sobre cinema. "A gente ia ver o copião na antiga Líder, em Botafogo, entre cinco e oito da noite." O bar da Líder acabou virando ponto de encontro de um grupo de jovens *fissurados* em ver o copião. "Ver o copião todo dia era um orgasmo. A gente via a imagem que tinha feito no dia anterior e se perguntava: será que está em foco? Ficou bom? Será que alguém no fundo olhou para a câmera e estragou tudo?"

Dona Alice, mãe de Carvana, com o filho mais velho, Ademar.

Elis Regina e Ronaldo Bôscoli foram padrinhos de casamento de Carvana e Martha, em 1968.

FOTOS: ARQUIVO PESSOAL

No alto, com o filho Pedro, em Paris, em 1969. Acima, à esquerda, Tomás e Maria Clara: neto e filha, à direita, Martha e o filho Pedro. Abaixo, Martha, Carvana e a amiga Elizabeth Carvalho, nos anos 1980.

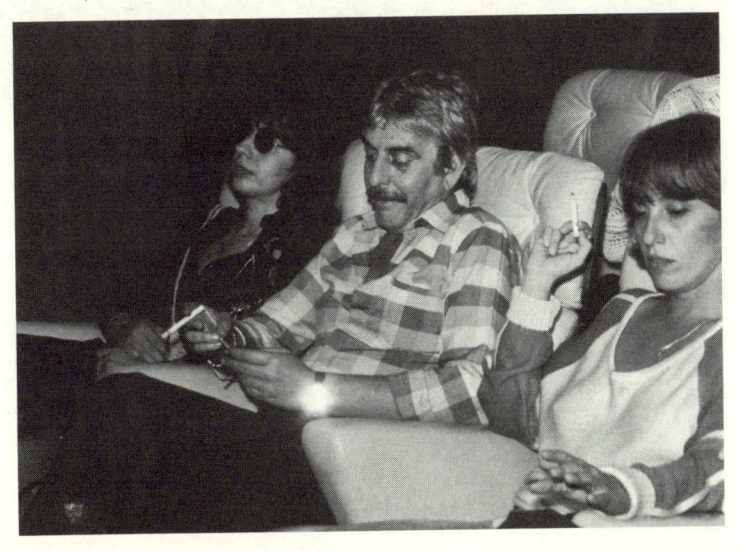

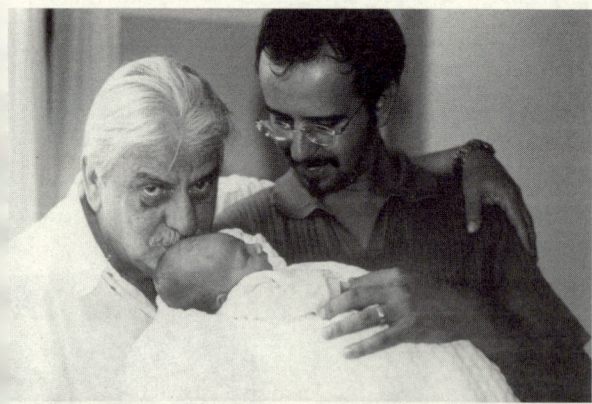

Ao lado, Carvana, o filho Pedro e o neto João, filho de Pedro. No centro, Carvana e a família: Júlio e Pedro (atrás), Maria Clara, Martha, Carvana e Rita. Abaixo, Martha e Carvana na casa de Pedro do Rio.

Fotos: Arquivo pessoal

Opinião que o bicho não come

Enquanto o Cinema Novo abria suas asas, o teatro engajado recebia as primeiras pancadas da ditadura militar. Com o CPC dissolvido por causa do golpe de março de 1964, e o teatro da UNE incendiado, o grupo que havia formado o núcleo do CPC resolveu juntar-se a outras pessoas para criar outra forma de resistência.

A bota da ditadura pisava cada vez mais forte nas manifestações culturais, sobretudo aquelas criadas por jovens intelectuais de esquerda. Exército, Marinha e Aeronáutica assumiam poderes policiais. A proibição aos CPCs se estendia às Ligas Camponesas, sindicatos e uniões estudantis. Estudantes, artistas, escritores, jornalistas eram presos por suas opiniões políticas. Integrantes do CPC da UNE se juntaram a Ferreira Gullar, Tereza Aragão, Denoy de Oliveira, Vianinha, Paulo Pontes, Armando Costa, João das Neves, Boal e Guarnieri para buscar uma forma de dar uma resposta ao período de trevas que, não se sabia ainda, apenas anunciava sua chegada.

Começou a se pensar em outra forma de teatro, talvez um show semelhante a algo que Nara Leão conduzia num bar intelecto-popular chamado Zicartola, que servia, como disse Boal em seu livro *Hamlet e o filho do padeiro*, "comida brasileira, música popular e inconformismos variados". Nara foi chamada, com os estreantes Zé Kéti e João do Vale, para conduzir um espetáculo que se chamaria *Opinião*.

Vianinha, Paulo Pontes, Armando Costa e João das Neves criaram e dirigiram, Dori Caymmi fez a direção musical. Era um acontecimento político, que fugia à característica tradicional dos shows de palco, de vedetes, mas que misturava canção, textos e poemas, no qual os cantores eram atores, e tinham como objetivo principal levar ao público uma mensagem política.

O *Opinião* estreou em 11 de dezembro de 1964, no Teatro de Arena, no Shopping Center da rua Siqueira Campos, mesmo lugar onde, poucos anos antes, havia sido montada *Eles não usam black-tie*. O *Opinião* foi uma realização que juntou um grupo oriundo do CPC da UNE, intelectuais do Rio e o pessoal do Arena de São Paulo, Boal e Guarnieri. A partir desse show, o Teatro de Arena virou Opinião e passou a abrigar um grupo que montou vários espetáculos ali.

O alvo era a cabeça do espectador mais que o coração. A finalidade era denunciar a ditadura por meio do humor, da ironia, do sarcasmo – era "fazer a cabeça" das pessoas. O espetáculo tornou-se um grande sucesso e o espaço físico passou a se chamar Teatro Opinião. Nara Leão, Zé Kéti e João do Vale eram as estrelas que entregavam a mensagem ao público enrolada na voz suave da primeira, no breque genial do segundo e na força musical do terceiro. O palco não apresentava cenários e os três, em seus trajes cotidianos, falavam de suas vidas, de suas lembranças mais marcantes e cantavam suas músicas. A simplicidade era, na verdade, uma poderosa arma de resistência. Depois de várias semanas, Nara foi perdendo a voz e o médico recomendou que ela parasse com as apresentações. Alguém sugeriu a Boal que chamasse uma jovem, de 17 anos, bela voz, que morava em Santo Amaro da Purificação. Ela topou vir para o Rio de Janeiro, mas só se viesse acompanhada do irmão, Caetano Veloso. Foi assim que Maria Bethânia entrou no lugar de Nara e foi lançada com grande sucesso no Opinião, cantando *Carcará*, de João do Vale.

Na época, Carvana ainda fazia dublagens para sobreviver e participava de filmes. Chegou a dublar mais de 1.500 filmes, quando ainda não era obrigatório na TV brasileira dublar filme estrangeiro (pouco depois, e até hoje, a dublagem é obrigatória na televisão aberta brasileira). E dublou centenas de filmes brasileiros. Já havia atuado em *Os fuzis*, *A grande cidade* e *Terra em transe*. Viajara o Brasil inteiro com *O Boca de Ouro* e *Pagador de promessas*, foi até o Uruguai com o grupo, no governo Jango, antes do golpe. Era 1966. Foi quando o grupo do Opinião montou *Liberdade, liberdade*, de Flávio Rangel e Millôr Fernandes, outro grande sucesso.

A peça seguinte que o grupo resolveu montar era escrita por Vianinha e Ferreira Gullar e se chamava *Se correr o bicho pega, se ficar o bicho come*, um espetáculo satírico de variedades, em que cada ator representava vários personagens. Carvana fez Napoleão, um guarda, um presidiário. Carvana voltou então para o teatro. No elenco, entre outros, estavam Agildo Ribeiro, Abel Pêra (pai da Marília Pêra), Fregolente, Odete Lara e uma jovem atriz, Marieta Severo.

Carvana fez ainda, em 1967, *Meia-volta vou ver*, de Vianinha, Paulo Pontes e Armando Costa. "Foi a última peça. Nunca mais pisei num palco." Em 1966, Carvana conheceu Martha Alencar e, um ano depois de sua última atuação no teatro, se casaria com ela, em 1968.

Carvana conheceu Odete Lara quando ela fazia *Liberdade, liberdade,* no Opinião. Mesmo quando não estava no palco, Carvana sempre aparecia no teatro, que era, como mencionado, muito freqüentado pelos diretores do Cinema Novo e os atores em voga. Nessa época, Odete namorava Vianinha. Pouco depois, em *Se correr o bicho pega...*, ela contracenou com Carvana. "Ele era muito divertido, não perdia o humor, mas, sobretudo, era muito amigo, era maravilhoso. Na época, eu estava tendo um romance com o Vianinha e tive que terminar", conta Odete. "Fiquei muito abalada e o que me salvou foi a psicanálise. Às vezes, eu ligava para o Carvana e perguntava o que eu ia fazer da vida, dizia que estava sentindo isso e aquilo e que ia sair pela rua. Ele dizia, 'não faça isso', e me protegia. Fazia eu ver o que não estava enxergando por causa das confusões mentais."

Quando Odete finalmente se separou de Vianinha, Carvana a chamou para sair, beber alguma coisa, e a apresentou ao diretor de cinema Antonio Carlos Fontoura, com quem logo depois ela começou a namorar. Carvana e Odete saíam do teatro e iam se encontrar com Martha e Fontoura. Ele e Fontoura estavam com a idéia de produzir um espetáculo numa boate chamada Arpège, no Leme, com músicas do novato Chico Buarque, que surgia na cena musical com sucessos como *Olé olá, Pedro pedreiro, Meu refrão*. O show seria estrelado por Odete, Chico Buarque e o MPB-4, que surgia no panorama musical ao lado de Chico. Odete estranhou. "Na ocasião, só se conhecia *Olé olá*. Eles queriam fazer um musical com 17 músicas do Chico e eu falei: 'Que loucura!' Uma coisa monótona, 17 músicas do mesmo autor. Mas eles me diziam: 'Você não sabe, ele é uma coisa sensacional.'"

A idéia era produzir um show em que Odete cantasse. Nessa época, Chico havia lançado *Morte e vida Severina*, já tinha feito *Pedro pedreiro*, e Carvana ficou muito impressionado com o garoto. "Pô, esse cara é muito bom."

Então, pensaram: alguém tem que falar com esse tal de Chico Buarque, e a tarefa coube, é claro, a Carvana.

"Peguei um avião e fui para São Paulo procurar o tal de Chico Buarque. Telefonei e ele falou 'legal, vamos conversar', e marcou comigo na TV Record, onde tinha um empresário chamado Marcos Lázaro. 'Me encontre na sala do Marcos Lázaro.' Lá fui eu encontrar o Chico. Ele chegou com uma hora de atraso e uma tremenda de uma ressaca. Pediu mil desculpas e disse: 'Puxa, ontem bebi pra burro, tô numa ressaca braba. Onde você quer conversar?' Eu já estranhei porque, depois de ressaca, você normalmente não quer ver boteco. Mas quase caí para trás quando descemos para conversar no boteco lá de baixo e ele pediu um conhaque." Eram umas duas da tarde. Carvana e Chico tomaram um porre monumental. Carvana voltou para o Rio por volta das 11 da noite, completamente bêbado, "caindo pelo Santos Dumont".

Chico se lembra bem e tem sua versão desse dia. Marcou o encontro no bar porque naquela época, quando ensaiava muito para a televisão, freqüentava bastante o botequim ao lado da TV Record, em São Paulo. "Lembro de nosso primeiro papo lá. Eu não tinha idéia desse Hugo Carvana, não conhecia ele, nem de cinema. Sabia que era ator. Aí, ele falou da idéia de fazer esse show na boate Arpège com a Odete e o MPB-4. Lembro que começamos a beber ali, e ficamos bebendo até o fim da temporada. Nem sei como é que ele sabia de mim. Na época só tinha gravado o *Pedro pedreiro*, não sei..."

Quando pensa naquele tempo, a lembrança que vem mais forte na cabeça de Chico é ele e Carvana no bar e garrafas vazias em volta. Bebia-se muito. "O show era meio bagunça, mas dava certo. Às vezes ele ia me acordar, depois de mais uma noitada. Convivíamos muito de mesa de bar."

Quando chegou ao Rio para começar os ensaios, Chico não tinha muitos amigos. Tinha o pessoal do MPB-4 e tinha o Carvana. Ficou muito amigo do Carvana.

"Vivia com o Carvana pra cima e pra baixo. Íamos ao Maracanã ver o Fluminense jogar. O pessoal do Flu ia assistir ao show – tinha a história do Jovem Flu –, jogávamos botão, ele era um dos meus melhores amigos nesses anos. Lembro dele me apresentar a Marieta, que trabalhava com ele em *Se correr o bicho pega*, lembro dele no Jangadeiro, no Zeppelin, e garrafas em volta... Na época, acho que ele estava começando a namorar a Martha, mas era solteiro, era meio solto como eu. Nos primeiros tempos, não tinha essa coisa de voltar para casa. Tenho uma lembrança visual e geográfica do Arpège e lembro da minha quitinete na Prado Júnior. A gente também jogava botão. E tem histórias que eu não posso contar. Histórias proibidas! Não posso mencionar." Ri muito e diz: "Lembrei exatamente de uma agora que eu não posso contar."

Dois dias depois daquele primeiro encontro, Chico foi para o Rio a fim de terminar o assunto e decidir se poderia fazer o show. Carvana havia recomendado que, quando ele resolvesse ir, entrasse logo pelo camarim do Opinião, onde ele fazia *Se ficar o bicho pega*... "Ao entrar, Chico dá de cara com a Marieta! Ele olhou e perguntou baixinho: 'quem é?' Aí eu apresentei os dois. E foi aquela paixão. Eles se apaixonaram na mesma hora. Era mais uma razão para ele vir para o Rio. Foi uma coisa fulminante. Acho que só faltava marcar o lugar desse encontro porque já estava escrito nas estrelas. Eles foram morar num apartamento na Prado Júnior. Para mim, foi ótimo, porque eu queria fazer o show."

Chico se lembra de Carvana na sua cobertura da Lagoa, onde costumava ir jogar futebol de botão, lembra das noitadas do Antonio's, das idas ao Maracanã.

Odete foi a São Paulo recolher fitas de Chico e ficou surpresa.
– Puxa, cada música que esse menino tem!
Ela foi recuando daquela sua primeira impressão. A surpresa de Odete culminou quando, às vésperas da estréia, Fontoura resolveu que faltava um "detalhezinho" para amarrar o show. Achou que seria bom se Odete e Chico cantassem juntos, em dueto. E encomendou uma música ao Chico para essa finalidade. Odete pensou: "Imagina, o show está quase para estrear, que loucura dele pensar uma coisa dessas." Quatro dias depois, Chico aparece com *O rancho dos mascarados*. "Falei, meu Deus, que coisa maravilhosa!"

O espetáculo, que tinha produção de Carvana, era dirigido por Antonio Carlos Fontoura e cenários do artista plástico Antonio Dias. No início, chamou-se *Meu refrão*. "Antonio Dias bolou adereços enormes que ele colocava na parede e que pareciam grandes falos. Eram objetos loucos que ele botou no Arpège e o dono, um pianista chamado Waldir Calmon, achava aquilo tudo uma ofensa. Mas o show era fantástico, um puta sucesso, MPB-4, Odete e Chico, vivia lotado e tinha gente que não conseguia entrar. E lá fora, o pau comendo, passeata e o *escambau*." Chico havia acabado de surgir no cenário musical brasileiro. Já tinha feito *Pedro pedreiro*, *Olé olá*, *Morte e vida*. Logo depois, em 1966, ganhou o festival da Record em São Paulo com *A banda*, e o show, no Rio, passou a se chamar *A banda*.

"*A banda* estourou, mudamos o nome do show e aí mesmo é que não dava vazão. A Arpège era pequena, tinha 50, 60 lugares. Uma loucura! E eu como sempre bebendo demais, os amigos não pagavam, imagina se vou cobrar uísque de amigos." A casa apinhada. Começavam a repressão e as passeatas, era quase 1967. Mas Chico começou a ser muito solicitado, começava sua carreira com toda a força, e a apresentação teve que acabar. "Não fiquei com um tostão no bolso, bebi tudo. Quando acabou o show da Arpège, eu tinha bebido o show. Bebi tanto que fui internado. A essa altura, já estava com Martha e ela teve que me internar no Sanatório Botafogo."

O Jovem Flu

Nesse meio-tempo, Carvana investia também numa outra paixão: o futebol. Mais precisamente, o Fluminense. Criou, com outros aficionados, o Jovem Flu, que era, na verdade, um grupo de amigos que todo domingo ia ver os jogos do Fluminense. Era Carvana, Ronaldo Bôscoli, Nelson Motta, Chico Buarque, Paulo César Oliveira, Paulo Bertazi, Jacó, Carlos Leonam, uma turma grande.

"A gente se encontrava domingo, no Antonio's, ao meio-dia. Começava a beber e ia de porre para os jogos, claro." Nesse tempo, meados dos anos 1960, havia um famosíssimo programa de debate esportivo, na antiga TV Rio, chamado *Resenha Facit* (uma marca de máquina de calcular, novidadíssima na época), com vários apresentadores, cada um torcedor de um time diferente. Era apresentado por João Saldanha, Armando Nogueira, Nelson Rodrigues, José Maria Scassa. Este era flamenguista doente. O programa acontecia todo domingo, por volta de 11 da noite, e tinha uma audiência fanática e cativa. "Imagina, com toda essa gente inteligente discutindo futebol. Era uma loucura! E era dirigido por um amigo nosso, o Gugu de Melo Pinto."

Uma vez, Carvana e sua turma foram ver um jogo nas Laranjeiras, e o Fluminense perdeu de 4 x 0 para o

O futebol, na praia, com amigos tricolores como Luis Carlos Cabral, Nelson Motta, Chico Buarque, Dori Caymmi, Toquinho. Carvana é o quarto na fila, de pé.

Antonio Clemente, Flávio, Denílson, Carvana, Bôscoli e Carlos Leonam.

O Jovem Flu: Carvana, Nelson Motta, Carlos Leonam, Paulo Bertazzi.

Bonsucesso. Depois dessa amarga derrota, o grupo decidiu rumar enfurecido para a TV Rio. "A gente estava com tanto ódio que decidiu invadir esse programa para esculhambar a diretoria do Fluminense. Chegamos lá dizendo que queríamos falar, e o Gugu deixou a gente entrar. Por acaso, eu era o mais cara-de-pau, mas estavam também Bôscoli, Nelson Motta e Chico. Entrei no programa e esculhambei a diretoria do Flu. Aliás, nós esculhambamos todo mundo e eu esculhambei mais ainda. Lembro do Nelson Rodrigues, sacaneando a gente: 'Vocês têm nome, vocês formam um grupo?' E nós: 'Somos o Jovem Flu.' Inventamos na hora. Ele riu e falou: 'São senhores se chamando de jovens.'"

O programa foi visto pela população inteira, teve a maior repercussão, matéria em jornal e tudo o mais. No dia seguinte estava criado o Jovem Flu. "Por causa disso, passamos a ter um certo poder no Fluminense. Na eleição seguinte no Flu, um dos candidatos nos chamou, pedindo apoio. Foi assim que o futebol entrou na minha vida. Eu, que era só torcedor, comecei a participar dos bastidores do futebol." Isso aconteceu na época do show da Arpège. E o time do Fluminense toda a noite ia ver o espetáculo do Chico. O time inteiro: Félix, Oliveira, Galhardo, Assis e Marco Antonio, Lulinha, Denílson, Cafuringa, Flavio, Samarone e Lula. Todas as noites eles compareciam. Foi nesse tempo que Carvana se envolveu com o futebol de corpo e alma. E o futebol nunca mais foi o mesmo.

No Sanatório Botafogo

"Quando acabou o show da Arpège, eu tinha bebido o show." Entre as apresentações na boate, papéis no cinema e atuações no teatro, Carvana sucumbia às tentações das noitadas. Ele já namorava Martha quando a bebida o arrastou para um beco sem saída. Preocupada com a situação, ela o internou no Sanatório Botafogo, para uma desintoxicação. O sanatório abrigava desde pacientes que tentavam se livrar do álcool e das drogas, até loucos, esquizofrênicos, neuróticos compulsivos e outros desequilibrados. Havia no sanatório vários pavilhões. "Foi uma época gozada porque fui pra lá por intoxicação alcoólica, mas não queria acreditar que era um alcoólatra. Recusava-me a fazer parte da comunidade dos loucos."

"Eles se juntavam em torno de um piano, com aquarela para pintar, essas coisas. Lembro que tinha um louco que tocava no piano, 'caminhando contra o vento...', era um horror. Eu ouvia lá do meu quarto e me recusava a descer. Meu médico dizia, 'Carvana, junte-se a eles, vai lá, e eu dizia, 'Não quero me juntar a esses merdas.'" Era a chamada terapia ocupacional, que Carvana se recusava a fazer. A experiência no sanatório acabou sendo recriada em *Apolônio Brasil*, filme de Carvana de 2003, na cena do hospício.

Ao todo, ele foi internado três vezes, mas desta vez, ficaria um mês inteiro. Um dia, Chico Buarque foi visitar Carvana no sanatório e falou:
— Vai ter jogo do Fluminense.
Era no meio da semana, à noite.
— Vamos lá.
— Pô, não dá Chico, o médico não deixa.
— Pô, fala com ele, diz que vai comigo.
Carvana falou com o médico, mas ele não gostou da idéia.
— Não, Carvana, você vai beber.
— Não vou, doutor Deusdete. De jeito nenhum!
Deusdete Araújo, psiquiatra.
— Não vou!
— Vai, Carvana, conheço você.
Ele acabou autorizando, e Carvana jurou:
— Chico vem me pegar aqui e me deixa de volta. É ir ao Maracanã e voltar para cá. Direto.
Lá se foram os dois. Na volta, Chico disse que, antes de deixá-lo, precisava dar uma passada na boate Zumzum, para falar com Vinicius de Moraes, que estava fazendo um show lá com o Quarteto em Cy e o Sergio Porto. Chico parou o carro na boate e disse que ia lá dentro e já voltava para levar o amigo de volta ao sanatório.
"Fiquei no carro. Aí, passaram-se cinco, 10, 15, 20 minutos, meia hora e o Chico não voltava. Pensei: o que poderia estar acontecendo? Entrei na boate. Tomei um porre monumental. Chico me deixou de volta no sanatório. No dia seguinte, acordo com o médico sentado na cabeceira da minha cama, olhando para minha cara e dizendo:
— Eu não falei que você ia beber?
— Não, doutor, eu não bebi.
O médico, então, pegou o relatório da freira da ma-

drugada e lá estava escrito: 'Entrou aos berros, cantando, falando obscenidades, trôpego, fedendo a álcool.'"

Os dias de sanatório estavam chegando ao fim quando mataram o estudante Edson Luiz, no restaurante Calabouço, do Instituto Cooperativo de Ensino, durante repressão policial a uma manifestação dos estudantes. Era o dia 28 de março de 1968. Nesse dia, Carvana fugiu do sanatório para ir ao enterro, que levou milhares de estudantes em passeata até o Cemitério São João Batista. As questões políticas suscitadas pela repressão do regime militar atiçavam em Carvana sua veia rebelde e inconformista.

Pouco depois, ele saía definitivamente do sanatório. Depois do show da Arpège, Carvana voltara a fazer cinema e quando saiu do sanatório, foi chamado por Glauber Rocha para fazer *Antonio das Mortes – O dragão da maldade contra o santo guerreiro*. O filme seria rodado na mesma cidade onde Carvana fez *Os fuzis*, de Ruy Guerra – Milagres –, mas quatro anos depois.

A filmagem de *O dragão da maldade contra o santo guerreiro*, em Milagres, foi um interregno entre as loucuras da bebida e a militância política. Uma trégua, um período que parecia estar fora do tempo e do espaço. Odete Lara, atriz do filme, lembra da época com alegria. "A gente se divertia muito. Fazíamos cenas supertrágicas e dramáticas, mas quando parávamos, começavam as gargalhadas. Vivíamos brincando, Carvana, Othon Bastos e eu. Carvana pedia e eu imitava a Helena Inês, na cena de um filme dela, em que aparecia toda empertigada. Ríamos muito. Mas ele também era um ombro para todos os colegas chorarem suas mágoas."

Odete lembra que experimentou maconha pela primeira vez em Milagres, e que era preciso ter muito cuidado porque Glauber era absolutamente contra. Ela e

Carvana se afastavam uns dois quilômetros do *set* e se arriscavam, sabendo que ele era bem capaz de mudar os personagens, substituir os atores e mudar a história, se descobrisse. "Naquela época, ele condenava terrivelmente as drogas. Reagia mal, era contra. Estamos falando de 1967..."

Foi com Carvana que Odete, sempre tensa, aprendeu a relaxar. Achou a "tal da maconha" uma coisa "maravilhosa" e ria muito. Quando não tinha filmagem, eles jogavam cartas e se divertiam.

"Numa noite, saí soltando todos os passarinhos. Eles compravam pássaros daquele pessoal de Milagres. Sobretudo o Maurício do Valle. Compravam passarinho para trazer para o Rio." Uma noite, quando ela saía do jogo de cartas com a equipe do filme, passou por uma fileira daquelas casinhas simples, em que ficavam penduradas as gaiolas, e saiu abrindo todas. "No dia seguinte de manhã, o Maurício estava louco, enfurecido:

— Se eu pegar o cara que fez isso, eu mato! Tô aqui já com a arma na minha mão, e eu mato!

"Eu fiquei bem quieta, mas achei muito bom ir soltando os passarinhos. Acho que sem o baseado do Carvana não tinha tido coragem."

De volta de Milagres, depois das filmagens, Carvana caiu de novo na "real". Antes de ir, ele e Martha faziam os preparativos para o casamento. Quando acabou de filmar *O dragão da maldade*, Carvana voltou da Bahia e se casou com Marta, na igreja do Leme. Entre os padrinhos estavam Ronaldo Bôscoli, Elis Regina. Paulo Bertazzi, a mulher dele, Lila Bôscoli (irmã do Ronaldo, ex-mulher de Vinicius e mãe de Georgiana de Moraes e Luciana de Moraes). Carvana era amigo de Bôscoli, acompanhou alguns de seus casamentos e viu nascer o namoro com Elis.

O casamento foi em 1968, o ano que mergulhava o país nas trevas mais densas da ditadura militar. Nessa época, Martha estava prestes a deixar o emprego no jornal *O Globo*, na qual tinha uma coluna de moda famosa, "As Bonecas de Martha Alencar". Seu trabalho consistia em dar conselhos de moda e escrever pequenas notas, além de desenhar vestidos de noivas para leitoras, que escreviam pedindo sugestões. Era um sucesso, mas um trabalho que estava aquém das ambições profissionais e do talento jornalístico de Marta.

Em 1968, sua vida mudou quando foi trabalhar no *Jornal do Brasil*. Ela não só mudou de foco na profissão, como acabou se envolvendo mais profundamente com a luta política contra a ditadura. Fez parte de um aparelho político, que era uma dissidência do Partido Comunista – tinha Fernando Gabeira entre seus integrantes – e que veio a ser, mais tarde, um dos núcleos do MR-8 (Movimento Revolucionário 8 de Outubro). Juntou-se ao grupo Dissidência. De um lado, havia o Partidão (Partido Comunista Brasileiro) e, de outro, nascia uma esquerda rebelde, que não se submetia mais aos dogmas marxistas-leninistas-stalinistas, embora Stalin já tivesse sido desmistificado dentro da esquerda, provocando uma grande crise no PCB. Essa divisão acabou atingindo, também, a área cultural.

Enquanto Martha, disciplinada, cumpria as tarefas da organização, Carvana militava na anarquia. Como ele diz, era mais de *agitação e propaganda*, aquele que ia para a passeata jogar pedra na embaixada americana, gritar *abaixo a ditadura, o povo unido jamais será vencido*, mas que não tinha vínculo com organização política alguma. "E bebia como um louco e nunca tive vocação para ser filiado a partido. Não acreditava nisso e não tinha um pingo de disciplina. Martha, ao contrário, seguia à risca as orientações do movimento."

"Era a lei do 'quem samba fica, quem não samba vai embora'. De um lado, os comunas; de outro, os movimentos de esquerda. Aí, rompemos. O Partidão tentava organizar autoritariamente a esquerda no Brasil. Eu me rebelei contra uma dominação intelectual e política. Era como o filho se rebelando contra o pai. Naquele momento havia duas tendências: 'Só o povo armado derruba a ditadura' ou 'Só o povo organizado derruba a ditadura.'" Carvana ficava na dúvida entre as duas.

Briga, briga, o pau comia, assembléias de teatro, assembléias de tudo, confusão na rua, reuniões clandestinas, passeata dos Cem Mil. E todas as divisões possíveis. "Os comunistas chamando a gente de porra-louca, a gente chamando eles de revisionistas. O pau comeu. Fui ser segurança de liderança estudantil, segurança de Marcos Medeiros, líder estudantil."

O clima dessa época resultou numa seqüência do filme de Carvana, *Apolônio Brasil*.

"A cena do general-síndico que toma um ácido na festa dos vizinhos doidos nasceu de uma imagem que guardo de um grupo que se reunia clandestinamente. Era um grupo de malucos, e eu tive duas reuniões com eles. Nossa proposta era jogar 500 quilos de ácido lisérgico na caixa-d'água do Ministério da Guerra. A gente tinha um sonho de ver as Forças Armadas loucas, o Estado-Maior do Exército viajando de ácido."

Claro que eles não conseguiram fazer isso, "seria uma loucura, ninguém conseguiria fazer isso". Mas a experiência serviu para criar uma das cenas mais divertidas dos filmes de Carvana: a seqüência da festa na casa dos malucos-beleza em *Apolônio Brasil*, quando o síndico, um militar enfezadíssimo, chega para reclamar do barulho. Ele acaba tomando um ácido, por engano, e fica muito doido, entrando na bagunça dos malucos.

Mas a graça só veio depois. Na época, a barra pesou. Carvana tinha acabado de fazer *A grande cidade*, de Cacá Diegues, e estava atuando em O *Dragão da Maldade*, quando veio "o famigerado AI-5". No dia 13 de dezembro de 1968, o presidente Artur da Costa e Silva decretava o Ato Institucional nº 5, que concedia ao governo o direito de pôr em recesso o Congresso Nacional, decretar intervenção em estados e municípios, suspender direitos políticos, proibir manifestações sobre assuntos políticos, aplicar o princípio da "liberdade vigiada" e suspender a garantia do *habeas corpus*. O mais draconiano dos instrumentos jurídicos do regime militar teve efeito devastador sobre a cultura do país, especialmente a música, o teatro, o cinema, três áreas em que Carvana atuava. O AI-5 marcou a fase mais violenta e selvagem dos 21 anos de ditadura – censura, terrorismo e tortura. A medida radicalizou as posições políticas dos opositores do regime. O AI-5 trouxe os anos de chumbo, poucos meses antes de Neil Armstrong se tornar o primeiro homem a pisar na Lua.

"Foi uma época negra, tortura, morte, silêncios, metáforas, medos, terror, clandestinidade." Martha nunca disse, e Carvana nunca perguntou, à qual organização ela pertencia. Ele sabia que ela não estava brincando em serviço, porque acordava às três, quatro da manhã e ia para as ruas e fábricas fazer panfletagem. A coisa era séria, ele sabia. E sabia também que era alguma coisa ligada ao [Fernando] Gabeira, então militante da Dissidência.

Um dia, Gabeira teve que cair na clandestinidade, avisou os amigos mais próximos e desapareceu. Até que aconteceu o seqüestro do embaixador americano. "A Martha me ligou do *Jornal do Brasil* e disse: 'Me encontra na esquina do Álvaro's.' Fui, e ela falou: 'Seguinte, foi minha organização que seqüestrou o embaixador e eles vão acabar chegando em mim. Vou ter que fugir.'"

Na verdade, reuniram a ALN, o PCBR, o MR-8 e a Dissidência para planejar o seqüestro.

Carvana tomou um susto. Seu primeiro filho, Pedro, tinha nascido em maio de 1969, e o seqüestro foi em setembro. Não havia saída. Era preciso tirar Martha do país.

Saudades do Brasil

Quando Martha anunciou seu envolvimento com o grupo que seqüestrou o embaixador americano, Carvana fazia dublagens e filmava aqui e ali. Tinha acabado de fazer a peça *Meia-volta vou ver*, de 1967, com o grupo do Opinião. Paulo Pontes, Vianinha e Armando Costa tinham brigado entre si, depois de brigarem também com João das Neves e Pichin Pla. "Comuna briga pra caramba!" Desse grupo saíram João, Pichin Pla e Gullar, e ficaram Armando, Paulo Pontes e Vianinha.

O grupo remanescente montou no antigo teatro de bolso de Ipanema Aurimar Rocha *Meia-volta vou ver*, uma série de crônicas e esquetes que buliam com a ditadura. No palco, Carvana, Maria Lucia Dahl, Suzana Morais, Maria Regina, Odete Lara e Vianinha, se revezavam. "Era uma verdadeira anarquia no palco." Quando a peça acabou, Carvana estava "por aí".

Mas agora a história era outra. Era 1969. Não havia saída. Era preciso tirar Martha do país. Quando Martha ligou do *JB*, naquela mesma noite eles foram dormir em outro apartamento, enquanto a mãe de Martha pegava Pedro e o levava para a casa dela. Os dois dormiram num apartamento do irmão da Martha, uma *garçonnière*.

Carvana sabia que agora tinha de pôr Martha num avião, o mais rápido possível, a caminho da Europa ou de qualquer outro lugar. Mas não havia dinheiro, e ele saiu em busca de meios para levar a cabo sua missão. Conseguiu pegar emprestado com os jornalistas e amigos João Saldanha e José Carlos Oliveira – o cronista Carlinhos Oliveira. Não era suficiente. Foi então à casa de Vinicius de Moraes, que morava na Gávea. Martita, mulher dele, abriu a porta e conduziu Carvana ao banheiro, onde Vinicius tomava seu habitual banho de banheira.

"Entrei e ele estava na banheira, com o uísque e o telefone do lado. Ficamos ali, batendo papo, e ele me emprestou o dinheiro."

A próxima vítima foi Tarso de Castro, que, anos depois, disse a Carvana que aquele dinheiro que emprestou era do cofre do Ademar de Barros (em 1969, quando fugiu do quartel, o capitão Carlos Lamarca roubou US$ 2,5 milhões do cofre do ex-governador paulista Ademar de Barros, que teriam sido distribuídos entre organizações da guerrilha urbana. Mais tarde, a história do dinheiro do cofre acabou virando piada). Mas o fato é que Carvana conseguiu pôr Martha num avião para Paris. Ela tinha um irmão, Bill, que morava – e até hoje mora – na França. Mas ele não tinha telefone. Então, Carvana disse a Martha que fosse primeiro para a casa do Ruy Guerra, que também morava, naquela época, em Paris. Carvana combinou de ligar para Ruy e perguntar, "Cheguei?", e ele responderia apenas: "Chegou."

O embarque foi uma aventura. Carvana foi para o aeroporto com Meton, irmão de Martha, e os três ficaram nervosíssimos quando Martha entrou na fila do controle de passaportes. Carvana e Meton foram para o segundo andar assim que Martha desapareceu. Viram quando ela entrou no avião e suspiraram aliviados. Mas, súbito, chegou uma Kombi de onde um homem falava com o piloto na cabine, pelo lado de fora. A porta foi aberta e os sujeitos da Kombi entraram no avião. "Ferrou!" Passam-se alguns minutos, Carvana e Meton suando frio, e, finalmente, a porta se abriu, os homens desceram, a porta fechou-se novamente e o avião levantou vôo.

Foi por pouco. Carvana teria que ir dois dias depois. Nova peregrinação pela casa dos amigos. Mais uma vez, os amigos funcionaram: obteve dinheiro com Zequinha Estelita e Cláudio Marzo.

Antes disso tudo, entre o nascimento de Pedro e o seqüestro do embaixador, Carvana e Martha estavam vivendo uma grande crise no casamento. Ele não participava da vida dela, não atuava politicamente como ela e reclamava de ela estar negligenciando o filho, que tinha acabado de nascer. Viviam vidas separadas, um não sabia das atividades do outro.

Nesse período, e antes do seqüestro, Carvana decidiu fazer uma viagem pela Europa, para conhecer o Velho Continente. Viajou com Carlos Leonam, amigo, que também fazia parte do Jovem Flu. Em Roma, encontrou-se com Glauber Rocha, que estava vivendo na capital italiana na mesma casa com Marcos Medeiros, o líder estudantil que fugiu da ditadura.

Glauber contou a Carvana que pretendia fazer dois filmes naquele ano, um na África e outro na Espanha, e queria que ele participasse. Era tudo com que Carvana podia sonhar: um tempo trabalhando na Europa, aliviando as tensões daquele Brasil conturbado. Desistiu de continuar viajando e seguiu o conselho do diretor, que era voltar para o Brasil, resolver sua vida e se preparar para ficar pelo menos um ano filmando em território europeu.

Quando chegou de volta ao Brasil, Carvana contou seus planos a Martha e disse, "Eu vou, e você vem junto".

E ela disse não. O pau comeu, e Carvana chegou a dizer que era então a separação. Ele iria de qualquer jeito. Martha disse que não levaria seu filho recém-nascido para a Europa, que a vida dela era no Brasil. Brigaram, brigaram, até que ele disse:

– Pelo menos prepara o teu passaporte, você não precisa ficar um ano. Vai, passa dois meses, volta, fica dois meses aqui, a gente faz um revezamento.

Resolveram que assim seria melhor. Nesse meio-tempo, aconteceu o seqüestro do embaixador. Graças àquela decisão, Martha havia tirado o passaporte, e, só por isso, conseguiu viajar em dois dias, quando a situação se complicou.

Carvana partiu para Paris dois dias depois de Martha. Pedro ficou com a avó Tereza, mãe de Martha, no Rio. Uma semana depois da viagem, os militares estiveram na casa de dona Tereza, à procura de Martha.

Já em Paris, Carvana combinou com Glauber e foi para a África, em Brazzaville, no Congo, para fazer sua primeira produção internacional, *O leão de sete cabeças*. Produção francesa, rodado em 22 dias, o filme é uma parábola sobre a Revolução africana e estende a temática glauberiana, que já discursava sobre a América Latina, do Brasil para o Terceiro Mundo. Carvana já tinha filmado com Glauber, no Brasil, *Terra em transe*, *Câncer* e *O dragão da maldade contra o santo guerreiro*.

O outro filme de Glauber, na Espanha, *Cabeças cortadas*, Carvana não pôde fazer porque o sindicato espanhol não permitiu. Já havia estrangeiro demais na equipe. De volta a Paris, depois de quase um mês no Congo-Brazzaville, Carvana deparou-se com uma situação angustiante. Martha chorava o tempo todo, com saudades do filho Pedro que ficara no Brasil. A ausência do filho era insuportável. Não ver o filho era uma enorme dor para Martha. Ela se sentia humilhada com toda a situação. "Eu quebrei. Sempre achei que era capaz de suportar tudo, e quebrei." Conseguiram, então, que a mãe de Martha, dona Tereza, levasse Pedro para Paris. Os dois chegaram no aeroporto duas horas antes da chegada do avião. Quando Martha avistou a mãe e aquele menininho, que já sentava no colo, sentiu que o chão voltava a seus pés. Abraçaram-se com o filho, aliviados.

A angústia arrefeceu, mas a situação era negra. O dinheiro obtido com o trabalho na África durou pouco. "Foi uma época dramática, me sentia angustiado porque eu podia voltar, mas ela, não." Foram surgindo crises enormes. Carvana começava a beber às 11 da manhã. "Dava saudade de tudo, de feijão, de arroz, de maconha, de tudo."

Nesse período, eles reencontraram uma amiga de Martha, companheira de militância da mesma célula na Dissidência, a jornalista Elizabeth Carvalho, que voltava da Argélia e foi dividir o apartamento com Martha e Carvana, em Paris. "Carvana estava insuportável. Morria de saudades do Brasil. Ficava num mau humor sem fim. Foi ali que entendi seu amor extraordinário pelo Brasil e pelos brasileiros."

Elizabeth conta que Carvana não agüentava o mau humor dos franceses e se sentia um peixe fora d'água. Imitava o modo de falar quase grunhindo dos franceses e não via a hora de partir. Como o dinheiro era pouco, os três passaram por maus bocados. Pedro freqüentava uma creche maoísta que exibia na porta a faixa "Os pais são tigres de papel". Carvana saía todos os dias para ler os jornais do Brasil no escritório da Varig, em Champs-Elysées. Um dia, na hora de voltar, descobriu que estava sem dinheiro e telefonou para casa. "Beth, vem me buscar, estou sem grana para o metrô." Quando Elizabeth chegou, Carvana estava quase virando pedra de gelo, na porta do escritório já fechado, xingando horrores. Além disso, quando chegaram em casa, descobriram que ela tinha batido a porta com a chave dentro. Chamaram o chaveiro, que cobrou 18 francos, devidamente pendurados por absoluta falta de dinheiro.

Depois de um ano de muita dureza e mau humor, Carvana viajou para o Brasil a fim de conversar com o advogado de Martha, Marcello Alencar. Era janeiro de 1970. Alencar disse que, formalmente, não havia acusação contra ela e o máximo que poderia acontecer era ela ser presa no aeroporto.

– Mas a gente consegue tirar. A volta vai depender dela – disse Marcello Alencar.

Ele pediu para perguntar se ela estaria disposta a enfrentar aquilo tudo. E Martha disse: "Eu vou!" Montou-se um esquema de reunir uma multidão de amigos no aeroporto. Se ela fosse presa, já começariam a fazer barulho ali mesmo. Estavam lá, esperando o casal, Cláudio Marzo, Betty Faria, Paulo Mendes Campos e muitos outros. Ela veio com Pedro no colo, passou pelo controle de passaporte e nada aconteceu.

Começaram a refazer a vida. Martha foi trabalhar no irreverente e alternativo jornal *Pasquim* – o que, de vez em quando, acabaria levando-a a uma noite de interrogatórios na prisão. Toda a equipe do *Pasquim* era muito visada pelos militares, que consideravam o jornal subversivo, um antro de comunistas e, pior, um veículo de críticas debochadas e subliminares, com grande aceitação entre formadores de opinião. Martha tinha passado a noite anterior fechando o jornal com a ajuda de poucas pessoas, entre elas o estagiário do cartunista Fortuna, Miguel Paiva, porque os outros tinham sido presos ou tiveram que fugir. Na tarde seguinte, estava em casa com o filho

Pedro, quando os policiais chegaram para levá-la. Ela estava grávida de Maria Clara e teve de deixar o filho com a menina que a ajudava em casa. Na rua, avistou uma amiga e pediu que ela avisasse a família e Carvana. Passou a noite respondendo a um interrogatório "ridículo", sendo libertada de madrugada. Nunca mais foi incomodada.

Nessa mesma época, Carvana foi para a Bahia filmar *Pindorama*, de Arnaldo Jabor.

Era o início dos anos 1970, os anos loucos de Carvana.

Uma conta conjunta

Mas faltou contar a história de como se deu o encontro de Hugo e Martha. Tudo começou com uma cantada cafajeste na boemia carioca. Martha lembra-se bem. Quando abordada por Carvana numa noite de roda de samba no Teatro Opinião, num bar em que se reunia a Fina Flor do Samba – e esse era também o nome do bar –, Martha ainda tentou disfarçar, depois de receber a violenta cantada, mas não deu certo.

– Eu sou o Hugo Carvana.

– Ah, engraçado, já ouvi falar de você, o Joel fala muito...

– Engraçado?! O que é isso, meu amor? Você vai ver o engraçado... vamos tomar uma sopa na Fiorentina.

Martha era bem nova, católica, burguesa, metida a intelectual, de família aristocrata falida,. mas boa família. Era uma jovem classe média da Zona Sul, sofredora, como todas as jovens intelectuais da época, tinha estudado jornalismo na PUC, feito Aliança Francesa, ex-aluna do Jacobina. A nora que toda mamãe queria. Trabalhava no jornal *O Globo*, mas sofria muito com isso. Aquilo para aquela jovem engajada, marxista e moderna, era um horror. Tinha, porém, que trabalhar para ajudar em casa. Fazia uma coluna de moda, mas tinha vergonha e escondia dos amigos. Sua formação era católica, e a culpa também. Havia uma diferença de formação entre eles. Carvana nunca estudou em colégio católico, a mãe era umbandista. Ele vinha da Zona Norte e não tinha culpa alguma.

Na noite da cantada, ela estava no bar com um namorado. Carvana ficou esperando que ele fosse ao banheiro. "Esse filho-da-mãe vai ter que mijar uma hora dessas, aí eu ataco", filosofou. "É hoje que vou pegar essa mulher." Dito e feito. O cidadão levantou-se e Carvana deu o golpe.

Martha já o conhecia como o alcagüete de *A grande cidade*, filme de Cacá Diegues. Lembrava dele no teatro, fazendo um repórter de rádio em *O Boca de Ouro*, e no Opinião, que ela freqüentava e onde, na época, ele fazia *Se correr o bicho pega, se ficar o bicho come*. Era um ator muito elogiado e Martha já tinha reparado nele. Ela ia muito ao Opinião porque já havia namorado o Vianinha. E conhecia Joel Barcelos da turma de Ipanema, da noite, do teatro – e o ouvia falar muito de Carvana e contar as histórias dele.

Nessa noite, eles foram tomar a tal sopa no Fiorentina e lá ficaram conversando até tarde. Acabaram namorando. "Foi um ataque frontal. Rápido e certeiro. E foi o que me encantou nele. A gente vivia naquelas relações muito cerebrais, muito idealizadas – 'Ah, teus olhos, o sofrimento, as brumas' –, e ele vem com essa cantada cafajeste. Sabe, aquele cara que você levanta e ele olha para sua bunda, você está falando e ele olha para sua perna? Era completamente diferente do tipo de abordagem que alguém já tinha tido comigo. Ele olhou para mim de um jeito diferente. Sem papo intelectual."

Para Carvana, Martha também era um outro modelo. Era uma mulher independente, fora dos padrões da época. Isso o encantou. Naquela época as mulheres eram mais complicadas porque não havia pílula, não havia a liberdade sexual que passou a existir depois. Todas as histórias de amor eram muito complicadas, sempre angustiadas, difíceis, problemáticas. Martha era diferente.

O namoro permanece até hoje, mas o casamento oficial no civil só aconteceu em 7 de novembro de 1991, quando os dois estavam prestes a fazer bodas de prata. Quando decidiram morar juntos porque Martha tinha engravidado, as famílias e os amigos se reuniram para uma celebração na igreja, com direito a vestido de noiva e almoço na casa da sogra. Martha diz que, se naquele dia tivesse passado um camburão na igreja, tinha levado todo mundo. Claro, o ano era 1968 e os amigos, todos subversivos. Apesar do ar de seriedade, Carvana abandonou a noiva em pleno almoço de casamento na casa da sogra para ir ao Maracanã assistir a um jogo. No local, deparou-se com Nelson Rodrigues que, no dia seguinte, escreveu uma crônica, cumprimentando-o pelo ocorrido: "Esse é o tricolor verdadeiro, deixou a mulher no altar para ver a vitória do seu Fluminense."

E o casamento foi permanecendo, às vezes na paz, às vezes aos trancos. Pouco antes do exílio, como mencionado, Martha militava em organização clandestina e muitas vezes saía de madrugada, para panfletar em alguma fábrica. Isso incomodava Carvana. Os dois discutiam, brigavam, quase se separaram nessa época.

Carvana achava que não se transforma um país com ódio, "embora o ódio seja compreensível". No exílio, se uniram ainda mais, para enfrentar juntos as dificuldades e intempéries de uma vida árdua e triste. Na volta ao Brasil, as coisas foram tomando seu rumo natural, cada um com seu trabalho, os filhos nascendo, o amor se consolidando.

"Sempre tivemos pequenos entreveros, mas nada que

um bom beijo não resolvesse", diz Carvana. "Acho que ensinei Martha a não olhar a vida com tanta seriedade. Ela aprendeu a desfaçatez." Martha, por sua vez, diz que, por meio de Carvana, descobriu prazeres que não conhecia, como ouvir música, dançar, resistir pela alegria. "Ele sempre abriu coisas para mim, me mostrou outras possibilidades."

Os filhos olham os pais como uma só entidade. Rita, a mais nova, vê a união dos dois como "uma conta conjunta". "Sempre resolveram tudo juntos. Quando tínhamos algum problema, um sempre mandava falar com o outro. Sempre foi uma coisa só."

Eles riem ao lembrar do dia em que Carvana anunciou que os dois iam se separar. Júlio começa:

— Lembra do dia que eles tentaram se separar?

— Foi por causa do Brizola, meu pai tinha ciúmes do Brizola — diz Maria Clara, a filha mais velha.

— Foi o chuveiro que queimou — garante Rita.

— Foi uma briga — volta Júlio.

— Foi por minha causa — brinca Pedro.

— Eles chamaram a gente e disseram: "Martha e eu vamos nos separar."

Maria Clara sabia que aquilo não ia dar em nada. Foi rápida:

— Jura? Que legal, vou ter duas casas...

— E eu tenho um monte de amigo que tem pai separado, que maneiro! — continuou Pedro.

Era uma fase em que Martha esteve muito envolvida com a política, quando trabalhava com Leonel Brizola. Maria Clara hoje consegue enxergar os problemas. "Acho que o casamento só funcionou porque durante um certo tempo eles trabalharam com coisas diferentes. Hoje é que eles trabalham juntos. Mas naquela época, era bom para eles, embora a relação profissional da minha mãe com o

Brizola sempre o tenha incomodado. Ela se entregava muito ao trabalho."

Os dois chegaram a ficar duas semanas separados. Carvana foi morar com o amigo Piá, um solteirão convicto, que não suportava mulher dentro de casa, quanto mais homem. Os filhos morrem de rir e dizem que os dois ficavam batendo cabeça dentro de casa.

Às vésperas das bodas de prata, a família jantava reunida, Carvana virou-se para Martha e perguntou: "Você quer casar comigo?" Os dois casaram-se um ano antes de Maria Clara, a segunda filha. Rita, a filha mais nova, foi testemunha.

Apesar da imagem que Carvana passa para quem não o conhece – aquele malandro carioca, que se dá bem e trabalha pouco –, Martha sabe: "Ele não é malandro, não leva a vida na flauta." Nunca pôde. Sempre batalhou muito para conseguir o que queria, os amigos são testemunhas. E enfrenta tudo com muita intensidade. Quer as coisas com muita intensidade. Se vai construir uma casa, aquilo ocupa o seu pensamento o tempo todo. Quando quer o filme, dedica-se inteiramente a isso.

Durante o tempo em que era contratado da TV Globo, a vida se desenrolava com mais facilidade. "Tinha salário, mas nunca se conformou muito em ser apenas ator. Queria dirigir, produzir. E para isso, não mede esforços: veste um terno, prepara um discurso e vai. Ele se organiza e faz. Isso é crucial para ele. Talvez o mais marcante na sua personalidade seja a sua obstinação."

A casa de Pedro do Rio começou a ser construída, tijolo por tijolo, lentamente. A construção dessa casa aproximou definitivamente o casal. Finalmente, tinham agora um lugar para celebrar seu amor. "Esparramamos pela casa, pelo terreno, pelas paredes, pelos cantos, todo esse amor. A casa está impregnada desse sentimento."

Denise Bandeira, amiga de filme e de tribo, vê o casamento dos dois como uma pérola rara. "Carvana vai à luta, mas é verdade que, ao lado, tem Martha Alencar, que é um capítulo à parte. Martha é uma potência. É muito parecida com ele, embora cada um tenha uma identidade fortíssima e à parte. Mas os dois têm um encaixe impressionante, fazem uma dupla do barulho. Não há neles nenhum ranço de casal convencional, nenhuma sonolência, nenhuma formalidade, nenhum vício burguês. É uma relação jovem, viva, fértil. Riem muito um do outro. É um compromisso sem angústia. Raríssimas vezes vi isso, sobretudo em pessoas que vivem juntas há tantos anos. E, ao mesmo tempo, é um casamento padrão, com quatro filhos espetaculares, empregada, cachorro, casa em Pedro do Rio. Tudo funciona na 'tribo', como eles chamam a família."

Elizabeth Carvalho faz coro: "Carvana e Martha têm uma relação comovente de muito amor. E o bom humor é de Martha."

Carvana e Martha gostam da companhia um do outro, gostam de estar juntos. Sempre tiveram prazer em estar com os filhos. Nos fins de semana nunca havia babá. A folga era com os filhos. Carvana sempre gostou de brincar com os filhos, provocar brigas, dar gargalhadas. "Até hoje ele é muito instigante." Às vezes, tudo parece um grande filme que ele está dirigindo, com a família. Marta ri e diz que é isso mesmo. "Outras vezes, é uma anta de teimoso. É sistemático. Mesmo assim, quando insiste numa coisa, de repente pode voltar atrás, na maior."

"O nosso casamento era para não durar nada, de tão diferente que a gente era no início. Talvez ele tenha sido mais compreensivo do que eu. Houve um período em que a minha vida interferiu muito na vida dele. Em uns períodos ele cedeu mais, em outros, eu cedi. Nada foi combinado. Brigamos muito, nos estressamos muito. Tínhamos brigas homéricas. Separamos. Voltamos. Mas fomos nos acomodando. Hoje em dia acho que a gente não se separaria. É como os meninos dizem: viramos uma entidade."

A maior qualidade de Carvana? Martha assegura que é a permanente condição de estar sempre propondo alguma coisa, sempre em movimento, nunca parado. "Eu sou mais um lago de águas plácidas. No meu esquema geminiano tenho essa tendência. Ele não. É isso que mais gosto nele. Essa ebulição que me mantém alerta." E o defeito? Ela ri. "É esse também. Às vezes, esse movimento todo é insuportável porque meu lago quer ficar quieto, parado um pouco, e ele não deixa."

Liberdade e desbunde – os anos loucos

As razões de Carvana para seu envolvimento com a militância política eram diferentes das de Martha. Era de esquerda, desejava o socialismo como forma de se alcançar a justiça e a igualdade. Mas eram o aprisionamento e as trevas o que ele mais temia. "Faço parte de uma geração que lutou pela liberdade." A frase é dita com orgulho. "No período mais repressivo da ditadura militar, no governo de Garrastazu Médici, quando a tortura, a morte, o exílio, a dor, a saudade atingiram seu pico, lutava-se pela liberdade, no sentido mais grandioso da palavra, no sentido do desejo da alma, da integridade do ser humano." Assim Carvana via a luta política. Segundo ele, suporta-se tudo, menos a falta de liberdade.

"O homem nasceu para ser livre, independentemente de qualquer regime ideológico ou político. Lutar pela liberdade é lutar pelo homem. A luta política hoje é diferente – ela se restringe a reivindicações mais concretas, como exigências salariais, mudanças no rumo da economia, não-submissão ao capitalismo internacional."

Carvana entrou pelos anos 1970 com 33 anos, era jovem e impregnado do desejo de liberdade. Sofreu o exílio ao lado da mulher e acompanhou o sofrimento que foi a morte, tortura e desaparecimento de muitos amigos. "Eles tinham o mesmo sonho que eu, o mesmo que o povo brasileiro."

Num determinado momento, porém, o mergulho na ideologia, em busca da liberdade, começou a sufocar Carvana, que sentiu vontade de se libertar sim, mas da "prisão da ideologia", para redescobrir sua individualidade, seus medos, dúvidas e incertezas. Tinha absorvido toda a sólida formação cartesiana apreendida com a experiência do Arena e do Cinema Novo, e do seu envolvimento na luta contra a ditadura, no desejo da transformação social do país. Esse sonho e utopia trouxeram a sua anulação individual. Durante o processo de ideologização, nada foi questionado – se era esse o caminho certo, era justo sufocar seu "eu" mais profundo para alcançar um objetivo político.

Foi esse *sufoco* que despertou nele, nos anos 1970, uma vontade de fazer "uma viagem para dentro". "Era a época da contracultura, que foi uma válvula de escape. No começo dos anos 1970, muita gente – eu inclusive – foi para as drogas a fim de não enlouquecer. Alguns morreram, alguns estão viajando até hoje. Outros, como eu, saíram. Senti uma grande vontade de abrir a janela para o sonho e a droga é um grande instrumento para isso." Eram os anos do *desbunde*, quando toda uma geração, desiludida com os rumos da política, descobriu que havia outros caminhos para a "felicidade".

No mundo da Era de Aquário, no final dos 1960 e início dos anos 1970, quando os jovens do planeta, sobretudo os americanos, queriam mudar o mundo pacificamente, acabar com as guerras, criar uma sociedade alternativa e praticar o amor livre, achava-se que a droga era o melhor caminho para se alcançar a transcendência pessoal e abrir "as portas da percepção". Era encarada menos como um vício e mais como uma experiência de liberdade absoluta. O LSD, ácido lisérgico, usado por psiquiatras para tratamento de doenças mentais, teve seu uso disseminado, ainda nos anos 1960, pelo psicólogo americano e professor de Harvard Timothy Leary, preso em 1966, quando a droga foi proibida.

No Brasil, sob a ditadura militar, a juventude se dividia entre a vanguarda de esquerda – militantes comunistas, marxistas-leninistas etc. –, que fazia adesão à guerrilha armada ou à militância política, tendo, muitas vezes, de se refugiar na clandestinidade, ou os *desbundados* – o pessoal da contracultura, que viajava de ácido, amava o *rock'n'roll*, fazia filmes em super-8 e pedia "paz e amor". Alguns, como Glauber Rocha, se encaixavam nas duas categorias. Carvana experimentou uma, e depois, a outra.

Ao rejeitar o que hoje ele chama de "gaiola da ideologia", Carvana queria "abrir a janela" para reencontrar o sexo, o amor, o prazer e o sonho. "Antes o sonho era construir uma sociedade justa, mesmo que isso significasse a morte, a tortura. Depois, o sonho virou outra coisa, era o sonho de ser feliz, mesmo que se tivesse de abrir mão de alguns postulados, de umas verdades que a gente construiu ao longo daqueles anos."

Como ele próprio diz, saiu "viajando de ácido pela vida". Seus mitos deixaram de ser Stalin, Lenin ou Trotski, e passaram a ser Aldous Huxley e os poetas americanos da contracultura, que traziam um tipo de percepção diferente daquele que ele havia vivido até então.

Carvana havia acabado de voltar da França. Um mês depois, Arnaldo Jabor telefonou. Marcaram um encontro no velho Jangadeiros e Carvana foi convidado para fazer um filme chamado *Pindorama*. Foi para a Bahia filmar e passou dois meses completamente *desbundado* – fumava maconha como louco, de manhã até a noite, e tomava ácido. Fez o filme todo *doidaço*, viajando de ácido.

Martha foi chamada para ser secretária do *Pasquim*. Pouco depois de começar o trabalho, todos foram presos: Tarso de Castro, Paulo Francis, Sergio Cabral. Ziraldo fugiu, Millôr Fernandes teve que se esconder. Com a prisão dos editores, aumentava a responsabilidade de Martha, que acabou sendo levada para interrogatório durante uma noite inteira, por integrar a equipe do *Pasquim*.

A cabeça de Carvana girava, seu coração se enchia de angústia e desespero com a falta de perspectiva – a produção de cinema caía, a de teatro também.

"Naquela época foi um desespero muito grande nas hostes de esquerda. O desmantelamento das organizações clandestinas começou a doer na cabeça das pessoas. Mataram o Lamarca, o Marighella, que eram ícones nossos. Tudo começou a pesar, a doer, a criar um desânimo, tanto nos militantes que ficaram aqui quanto nos exilados, que foram embora, achando que ficariam um ou dois anos fora do Brasil e acabaram ficando dez, 12. E nós, no centro disso tudo – aí, sim, baixou a desilusão. Na cultura, enfrentávamos a repressão, as proibições, e a necessidade que se tinha de criar metáforas para dizer o que se pretendia. A soma desses fatores foi gerando um cansaço, uma insatisfação, um desencanto, e a única salvação, para não morrer, era partir para o sonho, para a utopia, para a droga."

Os dois passaram a experimentar uma nova fase. "Minha cabeça estava tão *fodida*, que era mistura de droga e de álcool o tempo todo." Martha estava grávida da segunda filha, Maria Clara, e sua prisão acabou sendo relaxada. "O ano de 1971 era droga, loucura. Nós dois viajávamos muito de ácido, eu e ela, todo dia a gente enlouquecia, viajava, a filha nascendo, produto do ácido."

Com o tempo, como se verá adiante, o ácido foi abandonado, restando o gosto pelo uísque. "Nunca mais tomei droga pesada. Não gosto, não quero e sempre disse para meus filhos não se envolverem com drogas pesadas. Alguns experimentaram, não gostaram, se afastaram. Nunca os proibi com repressão ou violência. Minha obrigação era fazer a cabeça deles de que droga pesada é roubada."

Carvana, em segundo plano, como um soldado no filme *Os fuzis,* de Ruy Guerra.

Ao centro, atrás de Heloísa Helena e Catalano, Carvana fazendo figuração para o filme *Depois eu conto,* de Watson Macedo, de 1956.

Fotos: Arquivo pessoal

Carvana com Chico Buarque, nos bastidores de *Quando o carnaval chegar*, de Cacá Diegues, 1972.

Com Antonio Pedro, no carnaval.

De chapéu e óculos escuros, ao embarcar para uma turnê de teatro, nos anos 1960.

Carvana como Waldomiro Pena, em *Plantão de polícia* (1979/80/81).

Fotos: Arquivo pessoal

Carvana orienta Cláudio Marzo (que não aparece na foto), nas filmagens de *O homem nu*.

Com Cláudio Marzo e Isabel Filardis no set de *Homem nu*.

Betty Faria, Carvana e Denise Bandeira.

Carvana nas filmagens de *Apolônio Brasil*.

De como venceu o pânico e resolveu dirigir filmes

A angústia aumentava à medida que a ideologia deixava de suprir os questionamentos básicos. "O que quero?" "Onde errei?" A bebida e as drogas ocupavam um lugar privilegiado na vida de Carvana, e a pressão interior por uma saída se fazia cada vez mais presente. A psicanálise se fortalecia nessa época e entrava na vida dos brasileiros de classe média e alta como um poderoso instrumento de desvendamento dos mistérios da alma humana, mas também de resposta aos conflitos sociais contemporâneos.

Carvana buscava uma saída para o alcoolismo e sua incapacidade de se livrar dele. Era o único impulso que não conseguia dominar. Isso o inquietava. Como podia dominar o conhecimento, ter um pensamento rígido e não conseguir controlar a bebida? Havia nisso um lado obscuro que o fazia beber mais. A bebida já atrapalhava seu trabalho e a relação com Martha. "Eu tinha consciência de que tinha um problema."

Domingos Oliveira disse uma vez, em entrevista, que há três soluções para a vida do homem: revolução, casamento e psicanálise. Como um homem de seu tempo, Carvana tentou as três. A revolução, que mudaria o mundo, não aconteceu. Restavam as outras duas alternativas.

Embora, a princípio, achasse que a psicanálise não passava de "uma busca pequeno-burguesa de respostas", decidiu pagar para ver se era a solução ou um engodo. Começou a fazer análise no começo dos anos 1970. Primeiro, tentou a psicanálise individual. Não gostou. Foi então fazer análise de grupo.

"Para mim, era muito difícil abandonar as normas. A ideologia e o materialismo tinham me enquadrado num processo cartesiano de pensamento muito forte e eu tinha que jogar fora esse entendimento e procurar outro. Não havia espaço na minha alma para o imponderável, para aquilo que eu não tinha explicação. A psicanálise serve para isso, para abrir outros caminhos, outras portas. Esse pulo de uma percepção solidificada para o desconhecido é doloroso e obriga a pessoa a regredir. Como se voltasse a ser criança para descobrir coisas novas que a ideologia a impediu de conhecer."

O processo individual de análise freudiano não combinava com a personalidade de Carvana. "É você e o analista, te obrigando a recompor tua vida individualmente, como se você existisse sem o mundo." Não deu certo. Numa conversa com Hélio Pellegrino, conceituado psicanalista, o amigo sugeriu que ele procurasse um terapeuta que estava formando um grupo novo. Tratava-se de Luiz Alberto Py. O grupo tinha dez pessoas. Carvana caiu de amores pelo método. "Como sou gregário, preciso de *feedback*."

Sentiu-se à vontade porque percebia que os dez, no fundo, tinham os mesmos problemas, e que quando se está sozinho, seu problema cresce, a dor fica maior. Com um grupo, você é só igual a todos. Carvana fez dez anos de análise em grupo, com dois grupos diferentes.

"A análise individual me incomodava muito porque era um ritual silencioso, angustiante. Havia um silêncio muito grande por parte do psicanalista, e isso me inibia muito. No grupo vi que era muito mais fácil me expressar. Tenho como mote na minha vida a palavra. Não sei escrever, sou incapaz de traduzir meu pensamento através da escrita. Só consigo me expressar falando. No grupo, podia me expressar. As palavras jorravam de mim, os sentimentos jorravam. Sem inibição, sem pudor, sem constrangimento. Eu tinha 33 anos."

Para Carvana, a análise foi também um grande aprendizado de autoconhecimento e de integração. Ele sentia que melhorava a partir dessa convivência, como homem e artista. Foi um processo de desenvolvimento tão profundo e claro que a diferença é notada até nas fotografias. "Fotos minhas de antes e depois da psicanálise são completamente diferentes. Fiquei, inclusive, uma pessoa mais sedutora."

A amiga Elizabeth Carvalho, companheira de grupo de análise, reconhece as transformações no amigo. "Hugo é inteligente, irônico, tem um olhar crítico sobre o outro que, às vezes, é até cruel. E tinha uma intolerância com tudo, se achava melhor que os outros. Mas o trabalho de autoconhecimento que desenvolveu na análise e o aprendizado sobre suas próprias fraquezas mudaram seu jeito de ser."

Elizabeth viu a transformação se dar aos poucos, e acredita que a análise, que coincidiu com o início das filmagens de *Vai trabalhar vagabundo*, estimulou, inclusive, a sua criatividade. "Acho que pôde devolver a ele esse lado do Rio suburbano, da solidariedade, da água no feijão, que estava mal resolvido dentro dele. Nunca pensei que fosse ficar tão amiga dele e ele tão querido."

Dez anos depois, começo da década de 1980, comunicou ao grupo que ia sair porque considerava, não que estivesse curado, mas que era hora de se soltar. Já se

conhecia bem, entendia coisas que não compreendia antes, e viu que seria capaz de conduzir sua vida sem sentimentos de culpa, sem ligação com o passado, com a mãe ou com o pai, de quem se lembrava apenas da mão.
"Antes, eu queria meu pai."
Carvana passou a entender melhor a questão do pai que nunca teve. A lembrança daquela mão forte segurando a sua, a dor de não se lembrar do rosto do pai, a mãe que, nas brigas, dizia que ele era igual ao pai, essa ligação com o pai por meio do ruim, do negativo, passou a entender melhor. O lado heróico e o lado cruel da mãe, que se vingava nele, que era homem. Levou anos para superar isso, mas tudo foi, pelo menos, compreendido. Tudo se harmonizou e ele entendeu que poderia conduzir sua própria vida. Que não dependia mais de mãe, pai ou analista. E se deu alta.

O namoro com a psicanálise tinha seus momentos de tranqüilidade e os de mar revolto. Entre tapas e beijos, veio uma tremenda de uma crise. Pouco antes da alta. Teve uma crise de pânico e um ano inteiro muito mal. Aquilo chegou sem explicação. Tinha medo de morrer, taquicardia e o pressentimento de uma tragédia que se aproximava. Achava que poderia cometer um ato de loucura – ou se matar ou matar alguém. Era diário, durava sempre uma hora e meia e passava, mas deixava seu rastro. "A memória do pânico é tão grave quanto a crise, porque ela permanece no seu subconsciente."

Havia interrompido a análise porque o analista tinha viajado. Mas foi na sua volta que conseguiu, não sem esforço, dominar o pânico.

A psicanálise foi o equilíbrio para Carvana e uma sorte para o cinema nacional. Graças às sessões de grupo, Carvana tomou coragem, enfrentou os medos e decidiu dirigir seu primeiro filme. Dirigir era um problema? Era.

Quando filmou *Pindorama*, de Arnaldo Jabor, Carvana ficou muito amigo de Antonio Calmon, assistente de direção. Os dois decidiram que formariam uma empresa e Carvana produziria o primeiro filme de Calmon como diretor. Nessa época, 1971, havia sido criada a Embrafilme, que logo abriu uma carteira de financiamento para diretor estreante. Os dois se candidataram com um roteiro escrito por Calmon, que se chamava *Capitão Bandeira contra o dr. Moura Brasil*. Foi aprovado pela Embrafilme.

Carvana trabalhou como ator nesse primeiro filme que produziu. *Capitão Bandeira* foi uma espécie de reencontro inconsciente dele com a chanchada. "Calmon inventou um personagem completamente maluco, sem pé nem cabeça. E eu, que estava mesmo maluco na época, desbundado, aceitei fazer." No elenco, estavam também Dina Sfatt, Norma Bengell, Cláudio Marzo e Paulo César Pereio.

O filme não foi bem e o prejuízo com o capital investido significou um período de vacas magras para ele e Martha. Faltava dinheiro e emprego, e as dívidas do filme pareciam eternas. Curiosamente, o desempenho do filme foi ruim, mas o personagem foi muito bem recebido pela comunidade cinematográfica e pela crítica.

Glauber viu *Capitão Bandeira* e achou genial. "Gente, Glauber era um maluco. Cismou que o filme era uma obra-prima e que tinha que ir para Cannes. Pegou o telefone, ligou para o Pierre-Henri Delau, da Quinzena dos Realizadores, e bradou: 'Tem um filme brasileiro do *caralho*! Tem que estar aí em Cannes! Tem que botar na Quinzena.' E, em matéria de cinema, o que Glauber falava era uma ordem." Delau perguntou o nome do filme e eles se entreolharam – não tinham pensado num nome. Foi quando Glauber, vitorioso, exclamou: "Moi, esquizô!" E com esse nome o filme foi apresentado na Quinzena, num cineminha atrás da Croisette, e foi um fiasco. De público, porque a comunidade cinematográfica gostou. E um desses que adoraram foi Armando Costa, amigo de Carvana, dramaturgo e roteirista de cinema, que sugeriu: "Carvana, vamos fazer um filme a partir desse personagem."

Foi então que Carvana escreveu com Armando o roteiro de *Vai trabalhar vagabundo*. Ele não pensava e não queria dirigir, mas quando acabou de escrever o roteiro ficou com ciúmes. Achava que ninguém poderia dirigir aquele filme, só ele.

É aí que voltamos à psicanálise. Carvana tinha 33 anos e nenhuma coragem para vencer o pânico de dirigir seu próprio filme. Nesse momento, a psicanálise foi fundamental. Py e o grupo o estimulavam a seguir em frente

Esse momento – em que decidiu dirigir – se transformou num marco em sua vida. "Nesse processo, descobri que poderia dirigir um filme, seguir minha vida com meus próprios pés e meus próprios sonhos. Poderia testar, na prática, um desafio. Achava que meu universo estava restrito à arte de representar como ator. Mas escrevi uma história e senti que ela só podia ser dirigida por mim porque nasceu da minha cabeça, do meu coração. Quando tive esse *insight*, me assustei. Como ousava? Mas houve um conflito entre esse pensamento e a idéia de que poderia, sim, dirigir."

A decisão veio numa sessão. Carvana chegou, não deixou ninguém falar e disse:

– Quero comunicar que decidi fazer o filme.

Foi abraçado por todos, e todos choraram.

"Acho que todos tinham medo. No fundo, quando diziam para mim 'faz', diziam para eles mesmos, 'faz'. Fiz o filme, lancei e foi um sucesso. A vitória foi de todos."

Vivendo em fragmentos de fantasia

O lar dos Carvana era uma folia. As casas onde moraram sempre foram recheadas com pedaços de cenários dos filmes de Carvana e a alegria reinava em casa como a mais marcante característica do pai de Pedro (36), Maria Clara (Cacala) (34), Júlio (31) e Rita (27). Os quatro cresceram em meio a esses fragmentos de fantasia. Casa cheia, muito amigo, muito amor e muita festa – assim é a lembrança que os filhos têm da infância e adolescência. Tempos de vacas gordas e outros de vacas magras, mas a peteca nunca caía, mesmo quando o Natal passava em brancas nuvens financeiras. Todo mundo se divertia da mesma forma.

Numa deliciosa conversa com os filhos de Carvana, reunidos no *play* de um prédio, em que os quatro se deram conta de que era a primeira vez que se juntavam para falar do pai, a conversa foi se desenrolando com muitas risadas, muito humor e algumas surpresas até para eles próprios. Para começo de papo, Pedro, o mais velho, se manifestou, e todos concordaram. "O sentimento que define meu pai é a alegria de viver. É a mania de estar sempre buscando a melhor versão, a melhor visão do mundo, a vontade de não perder a piada e de superar as coisas com muita alegria. Ele era em casa como era com os amigos. E os amigos estavam sempre em casa, era tudo muito misturado."

Para Júlio, terceiro da fila, a vida em casa era sempre alegre: "Moramos no Cosme Velho numa casa que era quase um sítio. Era enorme, quatro suítes. A casa sempre esteve cheia, meu pai trazia sempre muitos amigos. Tudo o que acontecia lá era em ponto de muito amor, tudo era muito lúdico." As lembranças vão brotando ao mesmo tempo. Era o pé de pitanga, as goiabas, as tardes na piscina, montes de gente e tudo sempre muito amoroso. "A gente não tinha as melhores roupas, mas morava numa casa enorme", diz Cacala. "Foi o estilo de educação que eles escolheram."

Uma vez, moraram numa casa decorada com o cenário de *Vai trabalhar vagabundo II*. A experiência ficou marcada para todos. Pedro não esquece: "Nossa vida era a vida dos filmes. Tínhamos contato com o cinema e a dureza do cinema. Às vezes, chegávamos em casa e eles tinham vendido o videocassete. 'E a Caravan irada que a gente tinha?' Eles diziam: 'Vamos lá, toca para a frente, depois a gente compra outro carro.'"

A vida doméstica tinha altos e baixos e Carvana e Martha nunca esconderam dos filhos as dificuldades. "A gente sempre jantava junto. Eles vendiam as coisas para botar comida na mesa, então os jantares tinham que ser uma festa", lembra Cacala. "A barrinha de sorvete era dividida em quatro certinha, sempre aprendemos a dividir tudo."

"Às vezes, eles estavam ferrados de grana", continua Cacala, "mas era tudo dividido com a gente. Havia as épocas de vacas gordas, quando a gente ia para o shopping e esbanjava, e a época da dureza. Ele deixava sempre claro, não escondia. Mas, engraçado, isso não interferia, a gente não se abalava. Passávamos Natais maravilhosos e outros mais duros." Mas mesmo os Natais de recursos escassos viravam uma festa porque vinha a família inteira, todos os amigos.

A festa, porém, tinha o lado da boemia, que já não era tão divertido assim para as crianças. Cacala confessa que ficava chateada quando o pai e a mãe saíam para as noitadas e eles ficavam em casa ou na casa das avós. "Algumas vezes eu me ressentia disso. Domingo para mim era traumático. Eu não gostava de ouvir a música do *Fantástico* porque meu pai estava sempre fora de casa no domingo. Já a apresentação do *Globo Repórter* era angustiante porque eles sempre estavam na rua para a noitada de sexta-feira."

Domingo era dia de levar os filhos para o restaurante, o Luna Bar, ou a Plataforma, ou os botecos da Cobal. Carvana e Martha sentavam com os filhos, compravam uma revistinha para cada um e ficavam de papo com os amigos. E sempre gente da pesada, como Tom Jobim e João Ubaldo.

Na fase em que foram morar em Petrópolis, quando só existiam Pedro e Cacala – "a fase tresloucada deles", conta Cacala –, Carvana cumpria alguns rituais, como levar a filha à padaria todas as manhãs. Noutras épocas, era o Luna Bar, todo santo sábado ou domingo. "E a gente ficava, a gente não reclamava, a gente sentava numa mesa de bar, a gente tomava café da manhã. Imagina! Hoje em dia eu não conseguiria compreender, não poderia pensar em levar meus filhos pequenos para o bar", se diverte Cacala.

Com todas as noitadas, a boemia, o encontro com os amigos e a ocupação com os filhos, Rita se surpreende até hoje que eles tenham conseguido também trabalhar. "Os dois sempre trabalharam à beça e hoje, que todos nós trabalhamos, eu penso: como eles conseguiam cuidar de quatro filhos e trabalhar tanto? Apesar disso, não temos nenhum complexo de pai ausente, que alguns amigos meus têm."

"Eles falavam muito do espaço deles", relembra Pedro. "Hoje entendo que eles optavam por não encher tanto a cabeça com os filhos, não se aborrecer muito, para poder viver e trabalhar e se relacionar melhor com os filhos, com amor."

Os filhos reconhecem no pai o homem transgressor, solto na vida, que sempre viveu de aluguel, fora dos padrões convencionais, e que, no entanto, criou uma família com laços fortes. "Eles só pediam o espaço deles", diz Pedro.

Cacala enxerga outro lado: "Meu pai tem uma alma transgressora, mas no fundo ela é também careta. Isso talvez tenha se acentuado com a idade. Quando fiquei grávida e não era casada, ele disse que não fazia questão que eu casasse, mas me lembro que houve um papo de que ele achava melhor casar de papel passado. Isso para mim foi uma surpresa – na hora que o bicho pegou mesmo, ele teve uma postura convencional. E quando me separei, ele teve um papo comigo bastante caretão, que me assustou mais ainda. Porque ia contra tudo aquilo que a vida inteira eu tinha ouvido. Tipo: 'Minha filha você tem que preservar seu casamento.' Ele: 'Minha filha, tesão acaba.' Eu: 'Mas não é isso, tesão até que tem.' E ele, mais que depressa, cortou: 'Não quero saber da sua vida sexual!'" Cacala ri. "Tomei um susto, disse para mim mesma: não estou ouvindo isso do meu pai."

"No dia do meu casamento, meu pai chorava copiosamente. Lembro dele me pegando e dizendo: 'Você não vai sair de casa.' Ficou abalado. Aí, volta aquele lado careta. Ele gosta dos filhos em volta. Meu pai precisa dos filhos em volta. Todos nós começamos a trabalhar com ele, menos a Rita. Ele gosta da nossa presença perto dele."

"Uma vez estava com eles numa festa", continua Cacala, "dançando, às quatro da manhã, e ele, de repente, me pegou pelo braço: 'Minha filha, vamos para casa, você bebeu, isso não é hora de uma moça casada estar na rua. Você está muito alterada, vamos para casa.' Às vezes, ele falava de brincadeira: 'Meus cabritinhos eu solto, minhas cabritinhas eu prendo.' Então, no fundo..."

Pedro concorda. "Senti isso quando saí de casa, com 25 anos. Ele sempre falava que com dezoitinho tinha que sair de casa. Mas eu, que comecei a trabalhar com 18, só saí com 25." Cacala saiu com 20, um pouco antes de Pedro, e acha incoerente que o pai fosse uma pessoa tão fora dos padrões, mas tenha tido um casamento tão longo e uma família tão tradicional, os filhos ali juntos, tudo em família. Num determinado momento da vida, Carvana sentiu necessidade de ter uma propriedade. "Antes, tudo era alugado", fala Júlio, "até a televisão". Rita admite que a instabilidade a incomodava, e achava que se seguisse pelo mesmo caminho ia "acabar como eles". "Não queria ser dura um dia e outro não, começar coisas e não poder terminar porque acabou a grana." Um dia, em 1994, Carvana e Martha começaram a construir a casa de Pedro do Rio, no terreno que tinham comprado em 1992.

Os grandes momentos em família incluíam as avós paterna e materna. Quando Martha e Carvana viajavam, chamavam as duas para tomar conta das crianças. O que se passava na casa da família nessas ocasiões daria uma comédia bem ao estilo dos filmes de Carvana. E se chamaria *Vó* versus *Vó*.

A mãe de Martha, a *vó* Tereza, era católica apostólica romana, aristocrata de família cearense falida, que chamava os empregados de criadagem e o escritório de gabinete – "Por favor", lembra Cacala, fazendo voz impertigada, "limpem o gabinete do Hugo". *Vó* Alice era outra história. Oriunda do Lins do Vasconcelos, ela era "escrachada, recebia santo e falava palavrão". Como se pode imaginar, diante dessas personalidades diametralmente opostas, a casa virava um campo de batalha.

Rita lembra de uma briga que durou horas entre as duas sobre a questão vital se o pão do cachorro-quente deveria ser cortado na horizontal ou se um furo deveria ser feito no meio dele, na extremidade. "Claro que a versão da *vó* Tereza era a de cortar o pão e a da *vó* Alice era a de enfiar a salsicha pelo meio", completa Pedro, em meio às risadas gerais.

Cacala não se esquece. "Eles viajavam e deixavam a gente naquela loucura. Era discussão todos os dias. Os empregados adoravam a *vó* Alice, que se sentava com eles na cozinha, ficava conversando o dia inteiro, fazendo bolo. E a outra, *vó* Tereza, cuidava da casa. A gente ficava muito com elas." "A *vó* Alice brigava muito com o Júlio, porque ele mandava tomar naquele lugar", lembra Rita. E Cacala completa: "Isso era o mínimo. Ele pegava pesado." Júlio se defende, dizendo que os dois brigavam, mas se adoravam. Era mais ligado à *vó* Alice, "talvez porque eu tivesse um jeito meio transgressor com ela como o meu pai".

Talvez a *vó* Alice visse em Júlio o espelho de Carvana, que aprontava com a mãe. Júlio se lembra de Carvana "sacaneando" a avó Alice. "Ela passava e ele batia na bunda dela e dizia: 'Tá com a bunda grande.' E ela respondia: 'Me respeita, seu filho-da-puta'."

A avó Tereza cuidou para que Martha tivesse uma educação refinada. A filha aprendeu inglês e francês, estudou no Colégio Jacobina e cresceu numa casa repleta de bibelôs. Os meninos se divertem com as histórias. "Vovó dizia para mamãe: 'Minha filha vai lá, e cabeça em pé porque você é uma Alencar.' Aí nossa mãe foi lá e casou com um artista, tudo que a vovó não queria." "No dia em que casaram, papai deixou a mamãe em casa para assistir ao jogo do Fluminense." "Como mamãe casou grávida, a vovó Tereza fez plantão na maternidade para não deixar ninguém ver o Pedro, que era grande e forte, porque a versão para a família era a de que ele era prematuro. Nenhuma tia podia se aproximar – vovó dizia que ele estava na incubadora."

Segundo Rita, que lembra fisicamente a avó Tereza, uma era a vovó bolo – a Alice – e a outra, a vovó praia, porque ela morava perto da praia, no Leblon. Às vezes, em alguma coisa elas convergiam. Por exemplo, as duas avós odiavam o Pereio. "Ele chagava lá em casa de manhã com baba na boca e remela no olho, e elas ficavam incomodadas." Para Cacala, as duas ficavam com muita raiva porque achavam que todo mundo se aproveitava do pai e da mãe, que sempre foram generosos com os amigos, davam festas e bancavam tudo, as comidas e as bebidas. "Todo sábado tinha churrasco em casa. Domingo eram outras comidas e sempre com bebidas. Eles adoravam receber. Era também uma dose de orgulho. Meu pai é das pessoas mais orgulhosas que conheço."

Carvana sempre foi brincalhão, mas para os filhos tem também o lado autoritário.

"Quando ele dá esporro, sai de baixo", diz Rita. "Um dia arrombamos uma casa em Correias, de brincadeira. Entramos na casa abandonada e tinha um carrinho de brinquedo, de motorzinho, e saímos pela estrada com aquele carrinho. Quando ele viu a gente chegar com aquele brinquedo que não era nosso, foi o maior esporro!" Isso, eles não esquecem. Pedro lembra que "esse negócio de ética" tirava-o do sério.

Uma vez, Cacala contou uma piada racista que tinha ouvido na escola. Quase levou um tapa. Nunca mais repetiu. Quando percebia que algum dos filhos manifestava preconceito ou *sacaneava* alguém mais humilde, a bronca era forte.

"Crescemos na casa do Cosme Velho que era ao lado do morro, a gente comprava cerveja no morro, às nove da noite, e brincava com os meninos de lá", recorda Pedro. Cacala se lembra de quando o pai mandava eles comprarem botijão de gás na favela. Hoje, a cidade mudou e essa convivência não seria mais tão natural. "Dos meninos com quem eu brincava", fala Pedro, "não sobrou nenhum".

Entre as lembranças da casa, porém, não faltam as emoções fortes. No dia da festa de 15 anos da Cacala, ladrões invadiram a casa dos Carvanas, com todo mundo lá, incluindo as duas avós. Meia hora antes de começar a festa, quando um amigo chegava com o som, todos foram rendidos. Os ladrões estavam armados e a avó Tereza virou-se calmamente para Pedro: "Meu filho, solte os cachorros", e o bandido quase a matando. Mesmo assim, conseguiu esconder o relógio no sutiã.

Primeiro, Martha e Carvana acharam que os ladrões eram amigos do Pedro que estavam armados. Martha não se conteve: "O que é isso?! Seus amigos armados, que absurdo!" Os bandidos desligaram a televisão que a avó Alice estava assistindo e ela soltou um "seu filho-da-puta", bem alto. "Aí, um dos caras deu um tiro pro alto pra gente se tocar que era um assalto", conta Rita. Todos foram trancados e Carvana percorreu a casa com os ladrões.

"No final, ele serviu cerveja para eles. E salgadinhos", conta Pedro. Depois de tomarem uísque e cerveja e levarem o que queriam, foram embora e a festa continuou. "Logo depois", conta Pedro, "os caras do morro que conheciam a gente bateram na porta perguntando se a gente queria que eles acabassem com os caras, que eram de outro morro, o Dona Marta. Claro que a gente disse não".

Todos têm fortes lembranças da casa do Cosme Velho, do pé de jambo, da pitanga, das incursões na favela para comprar bala, gás, cerveja para os pais, das brincadeiras na casa, dos amigos do morro. O quarto de Pedro no Cosme Velho era o mais cobiçado. Como ele era o mais velho, tinha direito a um quarto grande, no porão, semi-independente. A casa era referência, todo mundo queria ir lá brincar e participar das festas. Tinha também as festas no quarto de Pedro, para as quais todos aspiravam ser convidados, inclusive os de casa.

A família saiu do Cosme Velho em 1990. Aí foi para a rua Stephen Zweig, em Laranjeiras. Pedro brinca e diz que nessa época ele foi o precursor do *bonde* – tinha um fusca azul-calcinha e saía pelas ruas do bairro recolhendo os amigos para dar uma volta e sair *zoando*.

Júlio acha que o fato de os pais sempre terem trabalhado em coisas diferentes também contribuiu para a harmonia em casa. Segundo Pedro, o que fazia com que a família sobrevivesse unida era o fato de o pai e a mãe conseguirem o espaço que pediam e do qual precisavam. "Era o espaço da convivência social com os amigos, sempre em casa, sem que os filhos fossem impedimento para eles terem a vida que escolheram – que é a vida de festa, de discussão, de noites em claro, de badalação, de se curtir. Eles estavam sempre envolvidos com arte, com política e com debate."

Em casa, os filhos aprenderam que as idéias eram muito importantes. Falava-se sempre na ideologia, no socialismo. Eles viam o cinema desse ponto de vista. E não deixavam isso morrer. Foi dessa convivência que Cacala formou sua consciência política. "Eles passavam isso pra gente. Sempre fui muito consciente da questão política.

Estudava no Andrews, que era tradicional, e tinha altas brigas com meus amigos. Meus irmãos também eram assim. Nas discussões na escola, todos ficavam contra mim, eu estava no meio daqueles burgueses todos."
Eles se sentiam crianças diferentes. Na aula de História, quando havia aula sobre o regime militar e a professora perguntava se alguém sabia quando tinha sido o golpe, Rita era a única da turma que respondia: 31 de março. "Lá em casa, na hora do jantar, tinha que ter assunto, tinha sempre um debate." Rita diz que começou a ler porque se não soubesse o que estava acontecendo, não tinha assunto no jantar. "A gente comentava o Jornal Nacional e os acontecimentos. Eu era a única na escola que lia o jornal antes de ir para a aula."

Essa situação era comum a todos, e todos, em algum momento, estudaram em escola pública. O assunto provocou um alvoroço e eles começam a falar ao mesmo tempo, lembrando que eram chamados de comunistas, que defendiam o Brizola e atacavam a TV Globo. Pedro lembra: "O Brizola era um fardo na nossa vida e para nós tudo era culpa da Rede Globo." Júlio também lembra: "A gente dizia isso, e os caras perguntavam: você tá maluco?! Imagina, falar isso com 15 anos! Ao mesmo tempo, meu pai trabalhava na TV Globo." Eles riem, e Pedro acrescenta: "E eu, hoje, sou funcionário da TV Globo."

Cacala lembra que o pai sempre foi muito contador de histórias. "Ele fala muito bem, é muito articulado, isso encantava a gente. Sempre parávamos para ouvir, mesmo histórias que não eram para nossa idade – momentos políticos, histórias de família, começo da carreira..."

Nada em casa era feito às escondidas e não havia assunto proibido. Júlio se lembra dos vestígios deixados pelos pais quando davam uma fugidinha para passar a noite fora. "No café da manhã tinha aquelas manteiguinhas de motel, e a gente só foi sacar muito tempo depois. Era geleinha e tudo, e eles faziam a maior festa, 'Olha aí o que a gente trouxe.'"

"Eles nunca esconderam nada da gente, nunca tiveram pudores, é impressionante", diz Rita.

Júlio completa: "É, não tinha censura."

"Mas de vez em quando rolava uns papos em inglês", pondera Cacala.

Todos se lembram e riem. "Deviam ser coisas muito íntimas ou gravíssimas, ou quando queriam falar mal da gente. Às vezes tinha francês." Para Júlio, sempre contaram que ele foi concebido num milharal. Rita provoca: "Acho que é pra humilhar um pouco o Júlio." Mas todos se lembram da história do milharal: "Martha estava de saia, levantei a saia dela e mandei ver ali mesmo." "Engraçado", diz Rita, "meu pai não tem o menor pudor para falar essas coisas." Pedro completa: "Ele falava as maiores obscenidades." Constrangidos? Eles admitem que muitas vezes ficavam.

Se, por um lado, não havia pudores, também não havia cobranças. Carvana e Martha nunca cobraram dos filhos uma educação formal. Carvana não tem diploma superior e Martha é formada em Letras. Hoje, os filhos cobram um pouco a falta de severidade, mas argumentam que o que eles exigiam dos filhos era honestidade em relação a tudo o que faziam. "Papai sempre falava que sem tesão não se chupa nem picolé. Tinha que ter vontade em tudo o que fosse fazer." Não era só Pedro que sentia isso. Rita diz que Carvana sempre perguntava: "Isso é o que você quer? *Tá* com tesão, *tá* com vontade?"

A única formada é Rita, que acaba de terminar o curso de Comunicação na UFRJ. Cacala começou a fazer Publicidade, mas parou porque engravidou. Hoje é produtora. Júlio é músico, mas trabalha também na produtora dos pais. Pedro, que adorava desenhar, começou a trabalhar com os pais – em *Vai trabalhar vagabundo II*, fez estágio de cenografia, depois foi assistente de direção. Hoje trabalha na TV como diretor e começa a fazer curtas-metragens.

Os quatro riem da mania dos pais de querer que eles fossem independentes. Era quase uma obsessão. Eles davam um grande valor à independência e queriam que os filhos desde cedo fizessem as coisas por conta própria. Com 12 anos, Pedro foi sozinho se matricular na aula de natação, que tanto queria fazer. Rita teve que se virar para tirar a carteira de motorista. Se precisavam ir ao médico, Martha e Carvana diziam: "Telefonem e marquem a hora."

O gene Carvana é evidente na família inteira. Eles criavam brincadeiras para fugir do baixo-astral que às vezes ameaçava o bom humor do clã. Foi assim que criaram o imaginário "tíquete-análise". Por exemplo, Rita, que é a caçula, sempre cobrou dos pais não ter um álbum de fotografia como os dos irmãos. "Meu álbum cabe num envelope. Tem uma foto minha com três anos, outra com nove e outra adolescente." Recebe um tíquete-análise sempre que fala no assunto.

Cada filho representa uma fase da vida do casal. São os próprios filhos que fazem a análise. Pedro é da época em que os dois bebiam muito. Cacala, de quando cheiravam muito. Júlio é da fase do ácido e Rita, da maconha. Nas vezes em que viram o pai mais transtornado foi na morte da mãe, a avó Alice, e nas mortes de Glauber e Elis Regina.

Apesar disso, eles sempre disseram aos filhos que nunca se aproximassem da cocaína. "Se eu descobrir que tem pó com algum de vocês, boto pra fora de casa", dizia ele. Quando Carvana sentiu que Pedro entrava na fase de experimentar tudo, sentou-se com ele e falou: "Olha, pó é igual a mulher de malandro: tem que tratar mal. Sobrou, joga fora, não lambe prato, não lambe sacolé." Outra vez disse para Rita que ela não tinha cabeça para queimar fumo.

Embora no começo tenha tido uma certa dificuldade em encarar o fato de que era pai de família, os filhos reconhecem que ele aprendeu a lidar com as crianças. Rita acha que ele devia escrever um livro infantil porque sabe contar histórias ótimas para os netos Tomás e João – o sapo Serafim, a coruja margarida, o cocozinho Artur. "As crianças adoram meu pai." Um dia, Tomás, filho de Cacala, teve que definir na escola a principal característica do avô. Resposta rápida: "Maluco!"

Carvana pai

A paternidade não chegou para Carvana com a naturalidade que chega para alguns homens. Chegou com espanto e quase pavor. Os filhos eram, para ele, seres estranhos, dependentes e meio folgados. Reclamavam de atenção e amor. Como exigir isso, pensava ele, de um boêmio, louco, irresponsável, drogado e antifamília no sentido ideológico? Súbito ele tinha nas mãos um ser humano recém-nascido, e isso o incomodava demais. Não fazia parte de seus planos. Portanto, ele vivia dividido entre a certeza da incapacidade de lidar com aquelas criaturas e a vontade de fugir da responsabilidade.

"Quando um homem e uma mulher se juntam e decidem ter um filho, é uma decisão absolutamente irresponsável. Porque eles não sabem o que é isso. A mulher tem filho porque quer completar seu ciclo histórico, ter a criança na barriga, acariciar. E o homem, porque quer fumar um charuto. Isso é uma fantasia."

Assim que soube da gravidez de Martha, Carvana comprou o livro do dr. Rinaldo Delamare, *Meu bebê*, e os dois liam juntos, para aprender. "Martha não sabia nada. Nós éramos drogados. Para mim foi uma dificuldade muito grande."

Mas, ao mesmo tempo, havia a sensação de que estava na hora de parar com tudo aquilo, se organizar e prestar atenção naquele pequeno amontoado de pele e cabelo sem lógica.

"Meus filhos vieram para me dizer que existem outras coisas. Como dividir isso? Como determinar as prioridades?" Carvana relutou diante desse movimento de transformação, mas Martha entendeu logo. "A mulher é muito mais prática e capaz do que o homem, e Martha entendeu primeiro. Mulher domina mais as transformações, é mais decidida."

Até o nascimento de Pedro, o casal vivia um dia de cada vez. Se não tem comida, dane-se, não tem comida. Se não tem casa, não tem casa. Na loucura em que viviam, "bastava um grama de cocaína e estava tudo resolvido, ou se trepava a noite inteira, e pronto".

Mas, com as crianças, surgem os códigos novos. Carvana foi aprendendo, mas entrava em crise. Não queria abrir mão de seus valores, seus hábitos, mas, e as obrigações? Como o casal não se separou, e a vida ofereceu a oportunidade de continuar, ele acabou superando o conflito e aprendendo a conviver com os filhos. E montou uma estrutura familiar com base no amor e na coexistência pacífica, ou não. A vida ensinou que, em nome desse núcleo, passa-se por cima de problemas, ouve-se o que normalmente não se ouviria, aceita-se, compreende-se etc.

"Meus filhos foram criados, por sorte nossa, debaixo de muito amor. Sempre que tiveram medo e dúvidas, tinham pai e mãe por cima protegendo, naquele exato momento. Nada faltou a eles. E ao mesmo tempo, olhavam o pai e a mãe se beijando, se acariciando, no dia-a-dia deles. Isso dava a eles uma garantia de vida boa, estável. Eles pensavam: não somente meus pais me amam, como também meus pais se amam."

O afeto deu o tom de todo o desenvolvimento da família. Até hoje, mais de 40 anos depois de casados, Carvana e Martha vêem com prazer que os filhos gostam de estar com eles. E esse afeto se espalha pelos netos, por enquanto Tomás, 13, filho de Cacala, e João, três, filho de Pedro.

"É como aquela onda: você joga uma pedra no mar e vai aumentando. O afeto acaba se espalhando. Então, meus filhos foram criados com amor. E não foi intencional."

Um ato libertário

Mas voltemos à decisão de dirigir seu próprio filme. Quando anunciou na sessão de psicanálise que ia fazer *Vai trabalhar vagabundo*, Carvana pressentia que se abria para ele uma nova fase. Superara o bloqueio e estava preparado para mostrar ao mundo sua visão da realidade. Uma visão crítica, anárquica, e como ele mesmo dizia, esculhambada da vida. "Foi um ato libertário." Sua intenção não era fazer um filme político, mas falar de sentimentos através de um personagem que tinha criado e que ele próprio representaria.

Dino é um cidadão que sai da cadeia e, na porta do presídio, olha o sol e diz: "Bom dia, professor." Isso numa época em que as pessoas, ao contrário, estavam indo para a cadeia, presas pela ditadura. "Foi um alento para todos nós, porque vivíamos uma época muito dramática, com os amigos morrendo, sendo torturados, indo para o exílio." Enquanto, na realidade, os bares perdiam a graça e reinavam a surdina, a conspiração do silêncio e o medo, o personagem de Carvana andava solto pelas ruas como um *clown*, falava com quem não conhecia, roubava cachaça de mendigo. Apontava para a barriga da mulher grávida e dizia, "Mais um brasileirinho", e desejava que Nossa Senhora do Bom Parto lhe desse uma boa hora. Havia uma anarquia e uma generosidade naquele personagem que encantaram as pessoas. Foi, de fato, um alívio, como ar fresco no meio da tragédia daquele momento.

O filme também culminava em um processo de depuração pessoal, consolidado como vitória a partir da resposta do público. Nascia um diretor. O artista que, durante anos, representava papéis e falava com a "boca" dos outros, agora despejava sua mensagem nas telas, chaplinianamente.

Decidiu não dar atenção ao que diziam os amigos – "Você nunca dirigiu, a história é ótima, arruma um diretor e vai ser ator do filme" – e enfrentar o desafio. Quando se deu conta de que ia mesmo dirigir o filme, Carvana resolveu procurar um produtor. Começou a peregrinação para obter recursos. Mas era a época do Cinema Novo e os empresários torciam o nariz. Achavam que diretor tinha que ser intelectual, cineclubista ou formado em escola de cinema. Carvana nem tinha diploma de nível superior. Além disso, devia dinheiro até para o psicanalista – "e não pagar psicanálise é um problema".

Na verdade, e embora não exista nele sinal algum de ressentimento, o talento de Carvana como diretor nunca foi, de fato, reconhecido pelos diretores com quem ele trabalhava como ator. Martha, sua mulher, lembra de quando ele mostrou o roteiro de *Vai trabalhar vagabundo* a alguns desses diretores, e ninguém levou a sério. "Ficou uma certa saia-justa naquele momento porque não era para ser assim. Acho que nunca aceitaram o diretor Hugo Carvana como um de seus pares." O próprio Carvana não esperava que o filme fizesse tanto sucesso.

A reserva com que seus filmes eram vistos por seus, agora, colegas, talvez viesse do fato de Carvana não ter tido a formação dos diretores do Cinema Novo, de nunca ter teorizado sobre cinema. Mas ele conhecia bem a arte. Sempre esteve por dentro de tudo, enquanto tudo acontecia. "Estava por dentro, mas estava à margem. Hoje, filmes como *Bar Esperança* e *Vai trabalhar vagabundo* são considerados *cult*. Mas nenhum diretor do Cinema Novo dava importância. Na verdade, era um grupo de pessoas de classe média, formação burguesa, e Carvana, não era." Embora sua vida toda tenha sido dentro desse meio, Carvana sempre teve uma visão crítica e irônica, um distanciamento que permitia a ele, mesmo envolvido, apaixonado pelo trabalho de ator, aprendendo com muita garra, ter um olhar diferente. Ele participava e, ao mesmo tempo, era um *outsider*.

Mas no processo de buscar um meio de fazer seu filme, Carvana conseguiu mandar a história para Severiano Ribeiro, o grande empresário do cinema na época, pai do Severiano, que é hoje o patrão. O velho Severiano tinha um gerente espanhol chamado Polati. Uma semana depois de mandar o projeto para lá, Polati telefona para Carvana: "O senhor pode vir aqui conversar comigo."

Maria Clara, a segunda filha de Carvana, tinha acabado de nascer. Ele e Martha estavam numa dureza de dar pena. Tinham acabado de produzir o *Capitão Bandeira*, um fracasso de bilheteria. Carvana foi excitadíssimo para o encontro. Polati anunciou: "O sr. Ribeiro mandou dizer que gostou do seu filme e quer produzi-lo." Carvana saiu de lá aos pulos de felicidade. Falou com Martha, beberam, comemoraram. Era perto do Natal. Anunciou ao psicanalista que ia pagar tudo o que devia. O grupo todo celebrou.

Um mês depois, Polati telefonou para Carvana e disse: "O sr. Ribeiro fez um levantamento da sua vida comercial e desistiu de produzir o filme porque seu nome está no

Serasa." Carvana devia. Tinha passado cheque sem fundo e o produtor ficou receoso.

"Quase morri. Fiquei desesperado. Todos os sonhos foram por água abaixo."

Ele estava quase desistindo, quando resolveu procurar um amigo, Paulo Bertazzi, de situação financeira privilegiada e perguntou se ele não queria produzir o filme. O amigo achou a idéia simpática e bolou uma solução: convocou mais nove amigos ricos para, juntos, montarem um negócio, uma empresa chamada Alter Filmes. Os dez toparam: Bebeto Sardinha, Oswaldinho, filho do marechal Cordeiro de Farias, Paulinho Bertazzi, Ciro Kurtis, entre outros. Eles se cotizaram, levantaram o dinheiro e produziram *Vai trabalhar vagabundo*. Ficaram donos do filme, e Carvana ficou com a participação mínima de 10%. E o filme saiu.

Mais tarde, quando o filme começou a fazer sucesso, Severiano Ribeiro, que gostava de ver os filmes nos fins de semana em sua casa de Petrópolis, mandou recado dizendo que queria distribuir o filme e pedindo desculpas por não tê-lo co-produzido. Ofereceu parceria para a próxima produção, mas Carvana declinou. "Eu *virei* onipotente e quis produzir sozinho."

Houve um momento, porém, antes de ele "*virar* onipotente", quando ia começar a filmar, em que suas pernas tremeram. Foi um momento fundamental, em que Carvana se reuniu pela primeira vez com seus assistentes no Engenho Novo, subúrbio carioca. As Kombis chegaram, retiraram os equipamentos. O fotógrafo, José Medeiros, e o assistente, Gilberto Loureiro, começavam a se preparar e veio a pergunta fatal: "Onde é a câmera?"

Carvana foi subitamente atacado por uma disenteria, correu para o bar em frente, resolveu seu problema, pensou naquela pergunta inicial do cinema e respirou fundo.

Foi ao balcão do bar, pediu um Dreher, mandou para dentro o conhaque, voltou à calçada e olhou. Lembrou-se de uma cena que já tinha imaginado, e que está no filme, na qual ele e Nelson Dantas vão andando pela calçada e falando: "Sabe o fulano? Morreu. E o sicrano? Ficou maluco." Aí decidiu: "A câmera é aqui." A partir daí, tudo fluiu.

A atriz Odete Lara tem boas lembranças das filmagens. "Eu tinha que dançar um tango com ele. A gente se divertiu pra chuchu. Foi a primeira vez que fiz uma coisa engraçada, porque sempre fui séria em cinema. Mas aí, eu escrachei. Botei meu lado humorístico no filme. Sou engraçada só na intimidade. Em público eu fico séria."

Chico Buarque fez duas músicas para o filme – *Flor da idade* e *Vai trabalhar* – e se lembra do dia em que levou um enorme gravador de rolo para o falecido restaurante Final do Leblon, atrás de Carvana. "Queria mostrar as músicas para ele e essa *Flor da idade* era muito difícil de lembrar. Então eu, no final do jantar e hesitante em mostrar a música, saquei aquele gravador Ampex deste tamanho e falei, 'Vou te mostrar uma música'. Imagina, levei o gravador de rolo para o restaurante."

O nome do filme surgiu de um bordão do amigo Gustavo Dahl – toda vez que Carvana entrava em crise existencial e se questionava se devia ou não dirigir o filme, ele dizia: "Vai trabalhar vagabundo, tem que fazer esse filme." Até que ele falou: "O título é esse."

Durante as filmagens de *Vai trabalhar vagabundo*, Carvana cheirou cocaína desenfreadamente e ficou mal. Um médico disse a ele: "Ou você pára com isso ou vai morrer." Quando acabou a montagem, ele e Martha decidiram sair da cidade com os dois filhos e ir morar no mato. Vigorava a era *hippie* e estava em moda o êxodo da cidade para o campo, o amor à natureza, o *flower power*.

Alugaram a casa do escritor Lúcio Cardoso, em Carangola, Petrópolis, logo depois de o filme ficar pronto.

"Eu era muito louco, muito drogado e não tinha a dimensão do filme que tinha feito. Gostava do filme, mas não dava a ele nenhuma importância cultural. Eu vivia um momento lúdico, onde esse filme não tinha espaço."

Muito antes, porém, de fazer *Vai trabalhar*, Carvana participou do elenco de *Quando o carnaval chegar*, de Cacá Diegues, que tinha visto *Capitão Bandeira* e vislumbrou, na época, naquele personagem, uma idéia para seu filme. Chamou Chico Buarque e Carvana para escreverem o roteiro com ele. Um dos fundadores do Cinema Novo e integrante ativo do CPC do Rio, Cacá tinha acabado de voltar para o Brasil, em 1971, depois de um período de exílio em Paris, com sua mulher, Nara Leão, e a filha recém-nascida, Isabel.

Quando o carnaval chegar era uma homenagem aos cantores populares e à música popular brasileira. No elenco estavam Nara Leão, Maria Bethânia, Chico Buarque, Antonio Pitanga, Ana Maria Magalhães. Os personagens eram saltimbancos fazendo shows e andando por aí. Cacá terminou o roteiro sozinho, definiu os personagens, aproveitando a idéia do estilo descontraído e delirante do personagem Lourival sugerida por Calmon, em *Capitão Bandeira*.

Algum tempo depois, os produtores ligaram para Carvana "no mato", dizendo que o filme havia sido selecionado pelo Festival de Gramado. Carvana nem sabia o que era Gramado. O evento havia começado no ano anterior e aquele era apenas o segundo ano de sua realização. Disseram a ele que tinha de ir. "Mas tenho que ir para o Rio Grande do Sul? Estou em Petrópolis, numa boa, na minha horta, fumando maconha, tomando ácido, tenho que ir?" Os produtores não aliviaram – tinha que ir.

Carvana foi e tomou o maior susto quando *Vai trabalhar vagabundo* ganhou o prêmio de melhor filme. Para Martha, o filme é a cara de Carvana. "Tem essa coisa gregária, essa necessidade dele de interagir, falar, o tempo todo. Ele precisa estar com as pessoas. Seus filmes, em geral, têm isso. Tem os amigos que carrega a vida inteira, tem a família."

Mas mesmo em Gramado, a loucura continuava. E foi aí que aconteceu um episódio que quase manda o Kikito para o espaço. Carvana estava no quarto do hotel, viajando de ácido, como fazia havia meses, todos os dias. Às cinco da tarde, batem na porta. Era alguém dizendo: "Carvana, você ganhou o prêmio. Mas vim te pedir para fazer um apelo ao júri para mudar o voto e dar o prêmio ao filme do Leon, porque a firma dele faliu." Leon Hirszhman concorria com *São Bernardo* e, pouco tempo antes, ele e Marcos Farias tinham ido à falência. E o festival dava o prêmio em dinheiro.

"Eu, que era muito louco, concordei. Falei: claro, caguei pra prêmio." E foi procurar um membro do júri para pedir que eles desistissem de premiá-lo e dessem o prêmio para Leon. Carvana tomou uma bronca monumental do jurado, que considerou o pedido um desrespeito, porque o júri era "soberano na sua decisão", e fazer uma proposta dessas era um insulto etc. "Pedi desculpas e acabaram me dando o prêmio." Leon recebeu um prêmio de consolação, o especial do júri. Não tinha dinheiro. Era um papel em branco dentro de um canudo.

O filme tornou-se um sucesso e isso representava uma pancada na cabeça de Carvana. *Vai trabalhar vagabundo* foi produzido em 1971 e lançado em 1973, o ano da vitória em Gramado. Ele continuou em Petrópolis com a família. Parou com a cocaína. Acordava de manhã, tomava ácido. Ficava com os filhos no mato, na horta, molhando a terra. Por quê? "Pela viagem, pelo descompromisso."

Um dia, voltando para Petrópolis do Rio, com o rádio do carro ligado, Carvana ouviu a notícia de que *Vai trabalhar vagabundo* tinha acabado de receber o prêmio, em 1974, no Festival de Taormina, na Itália, de melhor filme. Ele nem imaginava que o filme estava sendo mostrado lá. Depois disso, foi uma avalanche. O filme ganhou melhor roteiro em Messina, também na Itália. E o Prêmio Air France de Cinema. Foi convidado para Cannes (a quinzena dos realizadores), também em 1974. O filme foi tão bem lá, que fizeram mais uma sessão em Nice. Um distribuidor francês que perdeu a exibição no festival foi avisado de que tinha de ver "esse filme fantástico" em Nice. Ele viu, adorou e comprou o filme.

Só então Carvana entendeu a verdadeira dimensão do filme. "Aí vi que era um filme iluminado. Eu tinha feito um filme que as pessoas amavam no Brasil e no exterior." Nessa época, Carvana já havia voltado para o Rio porque tinha sido chamado pela TV Globo para fazer uma novela, *Cuca legal*. Por isso, não tinha ido a Cannes. E, talvez, por ter passado todo aquele tempo em devaneios em Petrópolis, afastado da carreira bem-sucedida do filme, tenha se surpreendido tanto com o seu sucesso.

A fase do desbunde caminhava para um arrefecimento ("eu adorava, mas não quero nunca mais"). *Vai trabalhar vagabundo* foi lançado na França em 1975 e Carvana foi convidado para estar presente no lançamento do filme. Era a primeira vez que voltava a Paris, depois do exílio de Martha. "No aeroporto tinha carro me esperando e aí conheci outra Paris."

A crítica francesa caiu de amores pelo filme. Carvana se lembra do título estampado no *Libération*: *"Carvana, nunca se afaste desse caminho"*. O caminho da alegria, do humor, da amizade de turma.

A experiência com seu primeiro filme como realizador foi, então, animadora. "*Vai trabalhar vagabundo* é um filme extremamente crítico, uma resposta ao 'Ame-o ou Deixe-o' em voga na ditadura. Ironizava, zombava da campanha do 'tudo certinho', era a anarquia. O personagem vive de golpes, é amoral. Acho que foi uma contribuição na luta contra a ditadura. No começo foi um choque para o pessoal do Cinema Novo. 'Como você pode fazer um filme alegre num momento tão triste?'"

Uma idéia bizarra

De volta ao Rio, o trabalho era tão intenso que Carvana parou com o ácido. Tinha resolvido voltar de Petrópolis depois do nascimento do terceiro filho, Júlio. Assim, ácido só de vez em quando.

Um desses dias, saiu do apartamento em que morava, no bloco dos jornalistas, no Jardim de Alá, para ir ao Degrau, jantar, beber e encontrar os amigos. No caminho, andando pela Ataulfo de Paiva, e viajando de ácido, aconteceu um fato surpreendente. O sinal fechou e ele ficou ali, na calçada, sem se mexer, observando uma fila de carros parados, esperando o sinal abrir. Aí, teve um *insight*. Pensou: "E se um desses carros resolver ficar parado quando o sinal abrir." Imaginou toda a história, um carro fica parado, vem um guarda e dá-se o seguinte diálogo:

— Enguiçou?
— Não, seu guarda, enlouqueci.
— Encosta aí.
— Não posso, eu enlouqueci, e a minha loucura é não conseguir sair do carro e nem com o carro.
— Documentos.
— O senhor não está entendendo, eu acabei de ficar louco neste exato momento.

A partir dessa idéia bizarra, Carvana começou a desenvolver a história na cabeça. Os carros começavam a buzinar atrás, formava-se um pequeno tumulto, o cara trancava portas e janelas por dentro e as pessoas perguntando "o que houve?" E o guarda: "ele está dizendo que está maluco." A confusão crescia, virava um acontecimento maior, transformava-se num caos. O trânsito desviado, imprensa chegando, ambulância sendo chamada. Ninguém conseguindo tirar o sujeito nem o carro de lá. O episódio transformava a cidade. Enquetes, opiniões, "é isso mesmo", "o cara está louco", "a vida é uma loucura", "tem razão de estar louco", "não, ele é comunista", "está subvertendo a ordem", e aquela confusão sem fim.

"Comecei a lembrar de um filme chamado *A montanha dos sete abutres* e me apaixonei por essa idéia. O sinal abriu, atravessei e continuei pensando naquilo."

Dias depois, Carvana conversou com Armando Costa e Leopoldo Serran e eles adoraram a idéia. Começaram a escrever juntos.

Mas no desenrolar do roteiro, perceberam que seria muito difícil, em termos de produção, parar o Rio de Janeiro, ou mesmo parar o Leblon. Resolveram mudar o cenário. Inventaram a história de um cidadão que enlouquece, seqüestra um elevador e ameaça o ascensorista com uma faca. A imprensa corre para lá, rádio e televisão, para fazer entrevistas etc. Bolaram um filme em que várias histórias se sucedem e são todas narradas e *costuradas* por um radialista no alto de um morro. Um pai ricaço que obriga o filho a viver como pobre numa favela, um casal de nordestinos que seqüestra um cachorro para pedir resgate e poder comer e viver.

Carvana começou a fazer o roteiro com Armando e Leopoldo, em 1976. O filme se chamou *Se segura malandro*. Foi filmado em trens da Central, forrós da ilha do

Governador, barcas Rio-Niterói, favelas, feiras nordestinas, fábricas, botecos. É uma fotografia da vida suburbana, dos pequenos funcionários, dos imigrantes nordestinos. Um olhar nostálgico sobre o Rio – o seu Rio – que se transformava.

O filme tem a estrutura de um filme de episódios. Vários personagens são interligados por um programa radiofônico chamado *Se segura malandro*, muito popular entre as classes menos favorecidas. O programa anima a vida da grande cidade, lançando um pouco de humor para a sofrida classe dos pobres e trabalhadores. Há, por exemplo, a cena do seqüestro do elevador, quando um velho funcionário se rebela contra o sistema que o massacrou por 30 anos.

Embora Carvana diga que dos filmes que fez *Se segura* é o de que menos gosta, ele foi muito bem recebido pela crítica, que destacou não só sua vertente humorística, mas também o lado da crítica social do filme. "A agilidade com que se desenvolve o filme é ao mesmo tempo fruto de um hábil roteiro e de uma astuta direção, sempre pronta a surpreender o espectador com a sua desenvoltura e seu ímpeto humorístico. Às vezes debochada, outras ferozmente crítica, ou desenfreadamente anárquica, a direção de Carvana não deixa muito tempo para que o espectador se reencontre com o seu bom senso e equilíbrio...", escreveu, na época, o crítico Fernando Ferreira, sapecando no texto o bonequinho do *Globo* aplaudindo sentado.

"Hugo Carvana vem se firmando como excelente realizador, além de ser um dos melhores atores do cinema brasileiro", dizia outra crítica, do *Jornal da Bahia*. Em outro texto, Paulo Augusto Gomes, do *Estado de Minas*, afirma gostar de falar dos filmes de Carvana porque "são filmes de quem curte a vida, de quem sente prazer de viver sem barreiras, de quem está de bem com a vida".

Com seus filmes, Carvana vinha ganhando na imprensa comparações com as criações de Charles Chaplin, Buster Keaton, Irmãos Max, Laurel & Hardy (*O Gordo e o Magro*).

A anarquia de Carvana mostrou também o que ele chamou de "uma enorme onipotência". Quatro histórias num só filme! "Era um filme comunista. Numa das histórias, o cara enlouquece no elevador onde trabalhava há 30 anos para o mesmo patrão. E o jornalista, que tinha uma estação de rádio no alto do morro, com galinhas voando em volta. Era anárquico mesmo."

O humor anárquico do filme chegou a fazer uma vítima. Um cidadão morreu de rir em uma sessão do filme. Morreu mesmo. Morte morrida. Foi em 1977. Carvana estava em Porto Alegre, lançando o filme, quando soube do caso. A sessão no Rio tinha sido interrompida e foi preciso chamar o rabecão. O sujeito começou a rir sem parar e, depois, a tossir, teve um ataque e caiu para o lado. Dois anos depois, no Rio, uma moça pede para falar com Carvana num intervalo de gravação de *Plantão de polícia*. Era a filha do tal cidadão, queria agradecer, porque sabia que o pai tinha morrido feliz, e dizer que na sua família Carvana era uma pessoa muito especial.

Foi para *Se segura malandro* que Chico Buarque compôs *Feijoada completa*. A trilha sonora tem ainda músicas de Aldir Blanc, João Bosco e Mario Lago, uma delas *Plataforma*, cantada pelo próprio Carvana.

Na época em que escrevia o roteiro, fez mais uma incursão em novela na televisão. Era *Gabriela*. Ao mesmo tempo, foi para a Bahia – porque naquela época todo mundo filmava na Bahia – atuar num filme chamado *Ipanema adeus*. O volume de trabalho é que fez com que ele diminuísse o uso do ácido. Mas *Se segura* é produto de uma viagem de ácido na esquina da Carlos Góis com Ataulfo de Paiva.

O sucesso de *Vai trabalhar vagabundo* propiciou um *upgrade* financeiro na vida de Carvana e um período de onipotência arrogante. "Fiquei mascarado. Reconheço. E *Se Segura* era produto disso. Porque não fiz um filme, mas quatro dentro de um só. Olha que onipotência! Analisando o filme hoje, vejo que é irregular e ambicioso. E por incrível que pareça foi o filme de maior sucesso de público." *Se segura*, que é de 1978, também ganhou prêmio no exterior, em Cádiz, na Espanha.

No bar, todo dia um Brasil novo

Depois de *Se segura malandro*, em 1978, e antes de dirigir seu próximo filme, em 1982, Carvana passou boa parte do tempo atuando em televisão e cinema. Havia parado definitivamente com o teatro, em 1967, e nunca mais retomou a carreira no palco. Fez várias novelas, mas o que marcou de forma inesquecível sua carreira foi ter protagonizado um dos grandes seriados que mudaram a cara da televisão brasileira e transformaram a dramaturgia televisiva. *Plantão de polícia*, com *Malu Mulher* e *Carga pesada*, criava um novo modelo de uma obra fechada em uma hora e meia, dentro de uma obra aberta, que se renovava a cada programa.

Nasciam os seriados e isso foi uma revolução. Carvana era Waldomiro Pena, repórter de polícia, personagem que criou a partir de um perfil que começava a morrer na imprensa brasileira. E foi um grande sucesso. Waldomiro Pena, o protagonista vivido por Carvana, era inspirado em Octávio Ribeiro, o lendário repórter policial Pena Branca. Para compor o personagem, Carvana acompanhou jornalistas nas coberturas policiais, subindo morros, fazendo plantão em delegacia, acompanhando prisões, visitando hospitais e o Instituto Médico-Legal. E inventou um interlocutor inusitado para o repórter: um passarinho, com quem costumava conversar. Waldomiro Pena tornou-se um herói nacional e consolidou a fama de Carvana como grande ator.

Plantão de polícia foi o primeiro trabalho de Aguinaldo Silva na TV. Marcos Paulo fazia o papel de Serra, diretor do jornal, Denise Bandeira era Bebel e havia ainda Lucinha Lins e Júlio Braga.

No processo de fazer o *Plantão*, nasceu o desejo de fazer o *Bar Esperança*, que viria a ser o terceiro filme de Carvana, um prolongamento de seu trabalho como diretor, depois de *Vai trabalhar vagabundo* e *Se segura malandro*. O caminho estava consolidado.

Bar Esperança nasceu de um momento pré-anistia, de uma expectativa de todos de sair do sufoco. Nessa época, Carvana costumava visitar os amigos que estavam na penitenciária Frei Caneca, detidos como presos políticos. Rumava para lá no domingo, fazia almoço. Visitava Nelson Rodrigues Filho, Alex Polari, um padre português, o Paulo Jabur, fotógrafo.

A visita aos amigos começou a despertar nele um desejo de engajamento político e participação que ele abandonara na fase do *desbunde*. Nos dois filmes anteriores, ele estava afastado da militância. Por descrença, decepção, cansaço, desilusão e medo. Mas com a possibilidade da anistia e a aproximação de um processo de transformação, de redemocratização, Carvana sentiu vontade de atuar novamente e ouvir outros pensamentos. Era início dos anos 1980. A situação começava a ficar menos tensa, menos violenta. O general João Batista Figueiredo acabara de assinar a Lei da Anistia, em 1979, ano em que assumiu o governo para ser o último presidente do regime militar

"Comecei a ver que a luta política através da luta armada era uma ilusão. Vi que só a sociedade organizada é capaz de transformar a realidade, e nesse processo, comecei a pensar sobre o filme que ia fazer. Eu estava bem, mas inquieto. Fui sendo tomado por uma idéia de fazer um filme que pudesse falar de amigos, da volta deles, do recomeço, do fim da dor."

Novamente Carvana procurou os amigos: Armando Costa, amigo de sempre, Denise Bandeira, comadre e amigona até hoje, Euclides Marinho, casado com Denise e também roteirista iniciante, e a mulher, Martha Alencar. Os amigos perguntavam: "Sobre o que você quer falar?" Vinham apenas fragmentos à cabeça de Carvana. Então, ligaram o gravador e começaram a falar. Foram muitas conversas, muitos encontros.

Os amigos exilados, os que tinham ficado para trás, todos iam sendo lembrados. "Eu já estava com quase 50 anos. É quando a gente começa a fechar os olhos e lembrar." Começou a amadurecer uma vontade de fazer um filme sobre os amigos, o reencontro, a volta. Carvana sugeriu ao grupo que fizessem um roteiro a dez mãos. Eles se encontravam na casa de Armando Costa e ficavam falando e gravando as conversas. Carvana guarda essas conversas até hoje.

Durante o processo de conversa, começaram a perceber que toda memória do grupo estava ligada a algum bar. "Lembra daquele dia no Zeppelin, lembra da fulana no Calipso?"

"Os bares eram os lugares onde a gente todo dia criava um Brasil novo. Tomava pileques homéricos, sonhava um país diferente. Onde a gente chorava as dores de amor, amargava a fossa. Era a época dos amores incompreendidos, do sexo reprimido, ainda não tinha a pílula. Os bares eram os templos disso." Descobriram, enfim, que queriam fazer um filme sobre um bar e não sobre a anistia. "Achamos que se escrevêssemos sobre um bar, com personagens que habitaram esse bar no nosso tempo, estaríamos falando do nosso tempo, sem conotação panfletária ou didática, mas humana."

Todas as discussões e polêmicas da época levadas para a mesa de bar estariam ali, contadas no filme. O velho artista frustrado, o pintor sonhador, a contradição tão polêmica na época de trabalhar ou não na TV, o purismo, o "não me envolvo". Foi assim que nasceu *Bar Esperança, o último que fecha*. Os cinco fizeram juntos o roteiro, que seria centrado em um bar que representasse todos os bares – Zeppelin, Jangadeiros, Degrau. Marília Pêra é Ana, atriz que faz um papel numa novela de televisão odiado pelo público; Carvana é o Zeca, um roteirista em crise existencial que, demitido, acaba chutado pela mulher, Ana, apesar do amor entre os dois. E vão todos afogar as mágoas no bar de dona Esperança, que recebe em seu "abrigo" todo tipo de boêmio da época: artistas malsucedidos, jornalistas em crise, atores visionários, conquistadores baratos, artistas em geral. Todos buscam o bar como último refúgio do princípio de prazer num mundo cada vez mais dominado pelas relações mercantis e pela banalização da arte.

E, mais uma vez, um filme de Carvana era premiado no Brasil e no exterior. Ganhou prêmio na Espanha, em Cádiz, e em Havana, dado pela União dos Artistas e Escritores Cubanos.

"É o filme meu pelo qual tenho mais afeto. Ele emocionou demais as pessoas. Em Havana, foi inaugurado um Bar Esperança em homenagem ao filme. Foi minha maior emoção. Fui lá para a inauguração, em 1986. Me arrependo de não dar a importância devida a esse filme."

Bar Esperança foi lançado num dos dois cinemas Leblon. No cinema ao lado estreava *O predador*, do Arnold Schwarzenegger. Golpe baixo! Carvana fazia a ronda dos cinemas para ver pessoalmente o desempenho de bilheteria do seu filme. Como ele próprio dizia, costumava "fazer o ibope" pela fila. Sempre que podia, tentava obter informações com uma mulher que trabalhava no escritório do Severiano Ribeiro, e que era proibida de dizer qualquer coisa antes do balanço do fim do dia. Mas Carvana não agüentava e ficava telefonando para esta mulher para saber das novidades. Uma vez, tomava chope no bar ao lado do cinema e tomava conta da fila. A do *Predador* crescia dolorosamente, enquanto a do *Bar Esperança* era pequena. Ele acabou tomando um porre – de tanto vigiar e de desgosto. Mas seu filme tornou-se um sucesso – talvez não tão bem-sucedido em bilheteria quanto o *Predador*, mas, sem dúvida, exaltado como uma boa amostra do bom cinema nacional.

Recentemente, ao rever o filme numa mostra com debate, Carvana reencontrou *Bar Esperança* e se emocionou. Com o filme, que não via há muito tempo, e com a reação apaixonada da platéia.

A celebridade e o ator

A televisão sempre esteve presente na carreira de Carvana. Foi onde ele sentiu, pela primeira vez, a excitação do universo artístico. Depois de seu primeiro teste na TV Tupi, aos 17 anos, a televisão voltou à vida de Carvana pela pena de Janete Clair, em 1966, na novela *Anastácia*. Nesse mesmo ano, ele faria no teatro *Se correr o bicho pega*, de Vianinha, ainda no grupo Opinião, e pisaria no palco pela última vez – pelo menos até 2005 – com *Meia-volta vou ver*, também de Vianinha, em 1967. Ganhou, porém, seu primeiro papel um pouco mais significativo em novela em 1974, em *Cuca legal*, de Marcus Reis, na TV Globo, depois de já ter dirigido seu primeiro filme, *Vai trabalhar vagabundo*.

Quando voltou à TV, em 1974, a história já era outra. A televisão estava bem diferente daquela que ele viu nascer, em 1955, na TV Tupi, em que aspirou o cheiro de cola e se misturou em êxtase à neurose generalizada, ampliada pela transmissão dos programas ao vivo. A televisão estava mais profissional e disseminada, e já contemplava o ator com fama muito mais veloz do que o cinema e o teatro. Carvana fez 15 novelas, quatro minisséries – *Quem ama não mata, Engraçadinha, Agosto, As noivas de Copacabana* – e um seriado, o célebre

Plantão de polícia. Foi cafetão, bicha, coronel, doutor, mendigo, milionário. Mas nem assim a fama o abalou. Não gosta dessas coisas. Diz que um ator como ele, casado com a mesma mulher há muitos anos, não representa nenhum interesse para esse mercado da fama, que constrói e destrói celebridades em questão de meses, às vezes semanas.

Ele alfineta. "Ator de verdade não é estrela. Essa busca insana pela fama começou quando a televisão resolveu transformar jovens inexperientes em astros." Carvana se considera um ator de novelas diferente. É abordado na rua, muitas vezes, por jovens ansiosos para dizer que admiram muito seu trabalho. São poucos os artistas de novela que ouvem esse tipo de elogio do público da televisão.

"Tenho uma história, são 50 anos. Então posso ouvir de uma menina jovem isso: gosto muito do seu trabalho. E pessoas que me falam, 'Ah, como gosto do seu trabalho'. O elogio ao artista que tem uma história não é o mesmo para aquele que está fazendo sucesso agora. Acho que os jovens atores, se não tiverem isso em mente, e a grandeza de entender que tudo isso é efêmero, vão se decepcionar profundamente."

Quando fala sobre a televisão no Brasil, o sucesso fácil e efêmero, e a busca da celebridade sem limites, Carvana se inflama.

"A dramaturgia da TV cria mitos e os abandona com uma rapidez muito grande. Porque ela tem um olhar comercial. Hoje, a TV brasileira vive dos jovens porque os grandes anunciantes se voltam para o público jovem, para as crianças. Hoje a televisão, as redes, as empresas criaram veículos e revistas de fofocas e artistas que reforçam essas imagens. Hoje, mais importante que saber de um artista o que ele pensa sobre representação, quais são suas ambições como ator, querem saber quem ele está namorando, com quem vai casar. Porque isso atende a um mercado que movimenta bilhões por ano nesse universo. Então, um ator como eu, que sou casado com a mesma mulher há muitos anos, não representa nenhum interesse para esse mercado. Sou apenas um medalhão vivo da história.

"Um tempo atrás conversava com um jovem ator e comecei a contar histórias minhas para ele e ele me ouviu durante uma hora, ficou na maior alegria e disse, 'Porra, você tem histórias lindas para contar, eu só tenho para te contar como é a ilha de Caras'. É a mentalidade de hoje. O jovem não troca um fim de semana em Caras por uma aula de interpretação. O ator ou atriz – imagina, uma criança de 20 anos! – ganha um salário altíssimo, vive nas capas de revista e fica rico com 20 anos de idade. Pergunta se eles querem saber o que é representação, o que é ser ator, qual é sua missão. Ele já acha que é ator. Ser ator é ser capa de revista, trocar de namorada, ganhar muito dinheiro."

Dos jovens atores que surgiram na televisão, há pelo menos dois que Carvana considera muito bons: Selton Mello e o "intuitivo" Fabio Assunção.

A novela *Celebridade*, de 2003, foi o vigésimo trabalho de Carvana na televisão.

Ele foi chamado por Dênis Carvalho e Gilberto Braga para fazer um grande empresário da indústria de comunicação, um milionário que é dono de uma rede de televisão, rádio, revistas e jornais. A novela trata, justamente, de como se fabricam celebridades com rapidez, como elas são destruídas com a mesma velocidade: os veículos de comunicação precisam se alimentar da superficialidade das celebridades, e vice-versa. "Os jovens deixaram de se interessar pela arte e começaram a se preocupar muito mais com o aspecto mundano da profissão. E era disso que a novela tratava."

Apesar de sua grande experiência, Carvana afirma não esperar dos meios de comunicação nenhum reconhecimento do seu trabalho na televisão. "A crítica de TV hoje não é uma crítica inteligente porque é, na verdade, uma crítica do sucesso. Sou do tempo em que crítico destrinchava o trabalho. Apresentava argumentos, para dizer se era bom. Sou do tempo de Paulo Francis, de Muniz Vianna, dos grandes críticos. E hoje, a crítica de TV traz o ranço do sucesso, nem culpo eles porque a TV é um veículo tão poderoso, que entra direto na casa das pessoas – você não vai mais ao cinema, nem ao teatro, você recebe em casa a dramaturgia, que emociona as pessoas porque elas já estão predispostas a se emocionar. Acaba uma novela e a próxima já faz sucesso na primeira semana. Já se criaram ícones, mitos, já há personagens que dominam o público. Mas não é a novela. É o veículo. Ele envolve o público de uma tal maneira que fica difícil depurar, separar o joio do trigo, fazer uma observação mais racional, mais técnica, mais aprofundada. É uma luta difícil. Transformou-se nessa cultura. Vai sempre haver uma comoção na novela, porque ela já está implícita na linguagem e na história da televisão. E tenho, como ator, consciência disso. Agradeço com respeito os elogios que ouço."

Carvana admite que o veículo é "poderoso", que é mais forte que suas qualidades. Queixa-se de ninguém ter querido discutir, por exemplo, o processo de criação do seu mais recente personagem, Lineu de Vasconcelos, na novela *Celebridade*, que arrancava elogios do público por onde Carvana passava. "Nem público, nem crítica, nem imprensa – ninguém quis traduzir ou observar, ou falar sobre o meu trabalho como ator ao criar esse personagem. Porque essa não é a função da televisão, que vive do sucesso."

Formado no teatro e no cinema, Carvana sempre se dedicou, mesmo na televisão, à construção do seu personagem mais elaboradamente, mas se ressente um pouco de nunca ter visto essa observação por parte dos meios de comunicação. "Mas sinto no povo."

O ator que já está incorporado na personalidade de Carvana pode ser visto o tempo todo. Pelos amigos e pela família. Martha, sua mulher, se diverte. "Ele fica olhando a gente. Quando chego cansada e ligo a televisão para relaxar, ele fica assistindo e imitando a gente vendo novela. Faz isso o tempo todo. Ao telefone, a gente sabe sempre com quem ele está falando porque ele assume o jeito de falar do outro. Se está com o caseiro em Pedro do Rio, ele fala igual ao caseiro, com sotaque caipira, e radicaliza. Se vai para Gramado, um mês antes começa a falar *gaúcho*. No Nordeste, vira nordestino. Ele vai se apropriando das coisas e das pessoas. Ele gosta de ser ator. O ator é o que garante a sobrevivência, mas ele tem o maior prazer nisso. Hugo é um grande observador. É *voyeur* o tempo todo."

Antonio Pedro, que é ator de respeito, sempre observa o trabalho do amigo. "Tanto o Lineu de Vasconcelos da novela quanto o matador cego de *Deus é brasileiro* – filme de Cacá Diegues, onde Carvana faz uma ponta – são construções de personagem sensacionais." Mesmo se o papel é pequeno, ele larga tudo e se dedica àquilo.

Para Macksen Luiz, crítico teatral, Carvana é um ator brilhante. "Tem carisma, tem personalidade. Tem uma característica pessoal muito forte, mas diferencia seus personagens e sabe construí-los. Como diz Abujamra de si mesmo, o Carvana é uma personalidade que faz papéis."

O socialismo moreno – corações e mentes

Quando lançou *Bar Esperança*, Carvana já tinha se embrenhado pelas malhas da política institucional. Foi sua primeira e única experiência nessa zona cinzenta. Carvana costuma dizer que está casado com o Rio de Janeiro. "O Rio de Janeiro é uma cidade descontraída, alegre, moleque, e eu também tenho esse lado. Sou um brasileiro como qualquer um, casado, pai de família, que trabalha como todo brasileiro. Só não pego ônibus porque tenho um carro velho na garagem. A minha figura pública adquiriu esse verniz e não lamento, mas não tenho nada de malandro, trabalho como louco, não sei o que é tirar férias, botar um boné, caniço nas costas e sandálias e pegar a mala cheia de adesivos há dez anos." Esse seu amor à cidade e o "vigor operário" levaram Carvana a uma experiência político-administrativa fascinante, em 1982, mas que terminou em completa frustração.

Carvana conheceu Leonel Brizola quando tinha acabado de filmar *Bar Esperança*. Uma das razões pelas quais ele não deu maior importância a seu filme, na época, foi porque se envolveu com a campanha de Brizola para o governo do Estado do Rio de Janeiro. Brizola tinha chegado do exílio e acabava de fundar o Partido Democrático Brasileiro (PDT), depois de perder a legenda para o PTB. Era um tempo de retorno à política, em que as pessoas já podiam se reunir porque havia um relaxamento da pressão exercida durante a época mais dura do regime militar. O general Figueiredo já assinara a anistia e ventos mais amenos sopravam na vida política do país.

Esse clima favorecia uma movimentação política na classe artística. Um dia, Carvana foi chamado para participar de um debate no Teatro Casa Grande, no Leblon, que havia sido palco, no passado recente, da resistência cultural. Ali, durante o regime militar, aconteciam as peças e debates políticos que envolviam artistas e intelectuais. Desta vez, já no começo dos anos 1980, tratava-se de uma reunião entre alguns partidos de esquerda, como PMDB, PSB e o Partido Comunista, o Partidão. Pedro Celso Uchoa Cavalcanti, que era candidato do Partido Socialista Brasileiro (PSB) e amigo de Carvana, convidou-o para o encontro.

Carvana tinha um pé atrás com Brizola. Achava que ele tinha um "ranço comunista", que estava ultrapassado. Era um político com uma bela história, dizia ele, mas populista. Pedro Celso tinha vivido em Portugal no período em que Brizola havia articulado de novo o trabalhismo, agora voltado para uma corrente socialista. No debate, Carvana gostou da palestra do Pedro Celso, que tinha fundado o PDT com Brizola, e que disse a ele: "Você está equivocado em relação ao Brizola, ele mudou, e ainda é nacionalista."

Carvana lembra de ter ficado impressionado com as palavras e as idéias dele e aceitou um convite para participar de uma reunião na casa de Brandão Monteiro, que acabou se elegendo deputado pelo PDT. Foi nessa reunião, em que estavam também os futuros deputados Vivaldo Barbosa e Cybilis Vianna, que Carvana conheceu Brizola.

"Já em 1964, ele era para mim um mito: a cadeia da legalidade, a resistência no Rio Grande do Sul, então, decidi me engajar no PDT. Foi o partido que me satisfez naquele momento. Eu tinha várias ressalvas ao Partidão. Nunca fui filiado ao PC, era apenas massa de manobra, mas até um certo momento eu fechava com eles. Depois comecei a brigar muito e passei a achar que aquilo que nascia ali, com Brizola, era interessante. Sempre me entusiasmou mais o velho PSB, do velho Mangabeira. Comecei a nutrir uma simpatia pelo Brizola e sua dor me aproximou dele." Logo depois desse encontro no Casa Grande, Brizola se lançou candidato a governador.

Nessa época, começavam a surgir e a fervilhar as associações de moradores, e a discussão em voga era a de que a nova luta se daria na comunidade, nas associações. Carvana era um pouco refratário a essa idéia. Ele tinha acabado de fazer a minissérie *Quem ama não mata*, de Euclides Marinho, e partiu para fazer *Bar Esperança*, ao mesmo tempo que fazia a campanha do Brizola.

Durante a campanha, Carvana estava atuando em *Plantão de polícia* e havia se tornado muito popular por conta do sucesso do seriado. "Era muito estranho. Eu saía para a rua com ele e quando a gente ia para a Baixada ou subia o morro, é evidente que as pessoas vinham para cima de mim, sobretudo os jovens. Ninguém sabia quem era o Brizola, só os mais velhos, que ficavam emocionados. Mas minha presença acabava criando um mal-estar e eu me incomodava com isso. Chegou um momento que eu deixei de acompanhá-lo nessas visitas."

Mas o partido não tinha quadros suficientes para pôr a campanha na rua. Então, Carvana, Martha e vários amigos acabaram se envolvendo. Na época, em campanha política, só era permitido usar o retrato do candidato. Carvana narrava o programa do PDT, que utilizava um *slogan*, que dizia: "Quem é Leonel Brizola? Leonel Brizola é povo, minha gente." O bordão ficou popular. "E não é que ele ganhou?"

"Vi nascer o primeiro governo do Brizola. A candidatura dele começou com 2% de intenção de voto, mas começou a crescer lentamente. No início não davam importância a ele. Comecei a brigar com muita gente, amigos que diziam que eu tinha ficado conservador. O PT não se envolveu muito nessa campanha.

"Lembro da campanha quando Brizola ganhou o último debate na TV Globo. Ele era assessorado por nós. Tinha um grupo de assessores do Brizola, um grupo do Miro Teixeira (hoje eu adoro o Miro, mas na época não suportava) e a Sandra Cavalcanti. Aí, houve o sorteio de uma pergunta: uma professorinha perguntou ao candidato que fosse sorteado como num estado de alto índice de analfabetismo havia tamanho desemprego na área de professores? Quando ela fez essa pergunta, nós juntamos as mãos, um agarrou a mão do outro para a pergunta cair para o Brizola. E caiu. Ele deu um banho! E se emocionou, ficou com lágrimas nos olhos. E por felicidade nossa e dele, o mediador falou depois: 'nossos comerciais'. Era o que a gente queria, porque depois que ele respondeu, não houve réplica. Aí, nós corremos para ele, e ele estava chorando. E disse: 'Será que errei ao me emocionar?' Não, governador, porra, não. No dia seguinte, ele deu a virada. E Chico Buarque me ligou: 'precisamos conversar.' Aí o pau comeu na casa do Chico."

Chico Buarque e Carvana se desentenderam na campanha. "Quando Brizola começou a crescer nas pesquisas e passou para o primeiro lugar, foi um desespero nas hostes pemedebistas. Chico me ligou de mau humor: 'Carvana, vamos fazer uma reunião, vocês, a gente. Vocês têm que explicar a posição do Brizola.' Na época, o PT estava nascendo, não estava consolidado. A inteligência fechou com o Miro Teixeira. Eu falei: 'Tudo bem, Chico. Mas quem vai à reunião?' E ele: 'Vêm três de vocês e três nossos, ou quatro e quatro, e a gente discute aqui em casa. Mas sem candidato.' Falamos com Darcy e ele disse: 'Qualquer coisa me telefona, que eu apareço lá.'"

Carvana foi para a reunião com Martha e Vivaldo Barbosa. Com Chico estavam Maria da Conceição Tavares e Rafael de Almeida Magalhães. A discussão foi forte. "Na verdade, eles queriam que o Brizola abrisse mão da candidatura."

"Conceição esfregava o dedo na minha cara: 'Se Brizola for eleito eu rasgo meu passaporte.' Foi uma confusão filha-da-mãe na casa do Chico. Eles não perdoavam, não entendiam como Brizola podia ganhar, aquele caudilho gaúcho que esteve fora do Brasil durante 15 anos e a gente aqui, agüentando a ditadura."

E Brizola ganhou. Era 1982. Havia poucos quadros do partido. Darcy Ribeiro, que era vice-governador, assumiu também a Secretaria de Cultura. Leonel Kaz foi nomeado diretor do Departamento de Cultura e Carvana foi indicado vice-presidente da Fundação de Artes do Rio de Janeiro (Funarj), assumindo a responsabilidade pelos teatros e museus do estado. E esse envolvimento com a política de forma institucional, diz Carvana, foi uma "longa e dolorosa história".

Até então, durante a ditadura, Carvana se envolvera como cidadão. Agora, era o outro lado do balcão. "Vi o outro lado da política e a decepção foi dramática. Vi que a política não é só um sonho de transformação, um ideal juvenil. Você é também obrigado a conviver com o lado mais sórdido do ser humano. As pessoas que você supunha serem legais te decepcionam. Começam os conflitos. Eu era tão crente e a vitória do Brizola foi tão bonita que eu considerava uma missão participar daquele governo novo e transformador, diferente daquele quadro político de Chagas Freitas, do PC que se aliou ao Chagas para lançar o Miro Teixeira. Hoje eu adoro o Miro, mas na época não suportava. Os assessores do Miro eram chamados de Luas Pretas, e todo mundo que era amigo virou inimigo. Mas o Miro foi honesto. Na história da Proconsult – quando houve uma fraude para garantir a vitória do candidato Moreira Franco –, ele imediatamente reconheceu a vitória do Brizola. No dia seguinte telefonou para o Brizola e reconheceu publicamente a derrota para poder desfazer aquela história da Proconsult."

Para o cargo de vice-presidente da Funarj, Darcy Ribeiro queria nomear Tatiana Memória, mas várias pessoas do partido procuraram Brizola para insistir no nome de Carvana, inclusive José Vicente, filho do governador eleito, que também estava na presidência da instituição. Brizola pediu e Darcy acabou aceitando. Carvana, já oficializado no cargo, começou a gestão com problemas graves dentro da Funarj e do governo, sendo tachado de popular por causa da ideologia do partido.

Uma visão popular era exatamente o que movia Carvana. Ele achava absurda, por exemplo, a "supervalorização" do Municipal. Julgava que os recursos eram canalizados para o teatro em detrimento de outras áreas que precisavam ser amparadas.

Isso começou a incomodar a elite. Um dia, Darcy chamou Carvana e disse:

– Vamos homenagear a Clementina de Jesus no Municipal.

– Darcy, você sabe a confusão que você vai arrumar pra gente, não é?

– Sei, foda-se. Vou botar a ala de baianas da Mangueira sentada no balcão nobre do Municipal.

– Caralho! Adorei essa briga, essa eu quero comprar. O evento foi um escândalo. "Comecei a levar porrada. Briguei com a orquestra sinfônica, os maestros, o coro. Havia os museus, o Sambódromo, e o Brizola que, desesperado com os problemas do governo, não atendia à cultura, não liberava verba."

Brizola dizia para Carvana que cultura era coisa de intelectual de *oclinhos* redondos. Para Carvana, Darcy era uma figura brilhante, mas não tinha uma definição cultural. "Dirigir a cultura para ele era fazer evento. O Sambódromo, o Festival Mundial da Juventude, Clementina no Municipal. É legal, mas não havia um planejamento. Ao mesmo tempo, eu entrava em contradição porque sou um artista, tive que abrir mão da minha carreira, do meu trabalho porque acreditava muito no socialismo moreno. Defendia e era tão apaixonado por isso que achava um acinte abandonar esse trabalho para ser ator. Aquilo era mais importante que eu.

"O governo Brizola era um governo popular que a gente tinha que aparelhar. Tínhamos que voltar nossos olhos para o apoio à cultura popular, para o teatro que se fazia no interior do estado, para as companhias independentes. Queríamos tirar a cultura do feudo da elite do Teatro Municipal, que sempre dominou a cultura no Rio."

Carvana começou a sofrer forte crítica da imprensa, dos colunistas sociais. Um editorial do *Jornal do Brasil* dizia, sobre Carvana: "Ele é apenas um ator simpático."

"Levei muita porrada, fui hostilizado pela orquestra, pelo corpo de baile, pela direção do Teatro Municipal, a Dalal Aschar, a Tatiana Memória. Nem o Darcy me queria."

Quando lançou *Bar Esperança*, Carvana já era vice-presidente da Funarj. Não demorou muito para que ele se cansasse do ambiente que tinha que enfrentar na Funarj.

"Foi um período mais de aborrecimento que de realizações porque só me deparei com ambição, interesses mesquinhos, luta política vulgar", diria ele, em abril de 1985, à revista *Visão*. "Algo bem distante de uma política ideológica definida no campo da cultura. Em relação a políticos, amadores ou profissionais, sinto-me um inocente completo, um otário [...]. Aprendi que político faz acordo até com o diabo para se manter no poder."

Em meio a isso tudo, Zelito Viana tinha convidado Carvana para fazer um papel no seu próximo filme e entregou a ele o roteiro de *Avaeté*, uma história de Darcy Ribeiro sobre o massacre de uma tribo indígena. A Globo já tinha chamado Carvana para voltar, mas ele não aceitava. Daniel Filho ligava e dizia, "Carvana, você tá maluco?" Mas desta vez ele foi a Darcy e disse que queria ir embora para fazer o filme do Zelito. Aliás, vinha pedindo demissão a Darcy quase todos os dias, mas este pedia pelo amor de Deus que Carvana não saísse antes da inauguração do Sambódromo, que seria no carnaval de 1985.

Foram muitas, também, as brigas com Martha, que era assessora de Brizola e brizolista roxa. O casal quase se separou. Quando casaram, Martha já tinha se envolvido na luta política, enquanto Carvana nunca quis se organizar, se disciplinar. Durante esse tempo, ele foi do PDT, mas nunca se filiou de verdade, e, antes disso, agitava politicamente, mas sem pertencer a nenhuma organização. Martha, ao contrário, sempre fez agitação organizada, pertenceu à Dissidência, panfletava em fábrica, se reunia com bancários, era disciplinada. Mas Carvana estava cansado de brigar. Assim, dois anos depois de assumir o cargo, ele pediu demissão, logo depois da inauguração.

"Darcy adorou que eu fosse embora, porque a gente brigava muito." Brizola não era mais fácil. "Descobri que, apesar de admirá-lo, era muito difícil trabalhar com ele na prática." Foi substituído por Leonel Kaz.

Carvana saiu direto do gabinete e foi para o aeroporto pegar o avião. Caiu no meio da floresta amazônica, fronteira do Mato Grosso com o sul do Pará, no meio dos índios avacanoeiros. Tinha engordado 14 quilos no governo, de tanta angústia. O avião aterrissou num campo de futebol, perto da tribo dos índios. Ele, que tinha passado um ano e meio num gabinete, com ar-refrigerado, sofrendo à beça, ganhando "salário de merda, por idealismo", subitamente estava ali, naquele esplendor da natureza.

"Quando a porta do avião abriu, entrou aquele bafo quente, tirei a camisa, olhei, vi um rio, o Juruena, afluente do Tocantins, vi os índios e falei: maravilha, estou em casa." Ele tinha saído da rua Araújo Porto Alegre, do prédio da ABI, 10º andar, diretamente para a floresta, onde ficou três meses. "Eu estava tão feliz, não tinha mais gravata, não tinha mais angústia de disputa política. Olhava o céu estrelado, não tinha luz elétrica. Fazíamos uma fogueira à noite, na beira do rio, com um VHS ligado na bateria dos carros, vendo os filmes, os índios vendo com a gente. Depois, eles voltavam para a tribo deles de canoa, aproveitando a luz da lua. Recuperei a felicidade."

Nesse processo, Carvana se apaixonou novamente pelo cinema. Como tivesse se agarrado a um anzol, que o puxou lá do fundo.

Depois da sua experiência no governo Brizola, Carvana tomou uma decisão definitiva: jamais aceitar outra vez qualquer cargo político. "Não é da minha índole, não é da minha alma. Eu sou um artista e quero morrer artista. Isso ficou bem claro para mim. Antes, achava que o artista, a ideologia e o político podiam conviver harmonicamente. Agora sei que não. O artista se alimenta da liberdade, se alimenta do seu pensamento, mesmo desorganizado. E esse pensamento não pode estar ligado a nada a não ser ele próprio. Nada que o aprisione. Ao mesmo tempo, não abro mão do meu pensamento político. Esse é o meu país, que eu amo e que quero ver cada vez melhor. Então quero participar. Sempre."

A experiência, no entanto, não o desanimou. Achou muito bom o primeiro governo do Brizola, muito corajoso. Elogia a criação dos CIEPs e a grande figura política do gaúcho, embora o ache excessivamente personalista. Desde então, Carvana participa de movimentos políticos sem se engajar ou se filiar a um partido. Sempre votou no Lula e participou como artista da sua campanha, dando seu depoimento. "Acho que hoje, próximo ao final da vida, meu depoimento como artista é a contribuição que eu posso dar."

Hoje Carvana se sente seguro para avaliar sua história política. Não acredita que artista algum seja capaz de fazer a cabeça do povo brasileiro. Hoje duvida que artista em campanha política ajude o movimento ou o político. "Não acredito mais que a arte transforme a realidade. Ou o mundo. O que transforma é a consciência da população. E essa consciência não é o artista que dá."

Para Carvana, a consciência surge do conhecimento, da atuação diária. "A arte pode dar elementos para o povo compreender alguma coisa, mas mudar? Arte transformadora? Arte revolucionária? Não acredito. Acho que a grande função do artista ou da arte é atingir o coração das pessoas. Se fizer isso atinge a cabeça." A transformação, segundo ele, pode se dar aí, por meio do coração, e não de discurso panfletário. "Se o movimento for movido pelo sentimento e não por uma pregação ideológica, pode mudar o mundo. Levei muito tempo para aprender e sofri muito. A negação do dogma é uma proposta de transformação e toda transformação é dolorosa. Quando eu era do teatro de Arena, achava que tinha que ir direto na cabeça. O comunismo, a ideologia comunista ou a cultura que nascia orientada pelo PC dizia: vai lá na cabeça do cara. Fala para ele as coisas. Abandona o coração. Realismo socialista, stalinismo – diziam que qualquer coisa que fosse emoção era reacionário. Os artistas que tentavam se libertar dessa ideologia eram considerados traidores, como Maiakovski, Eisenstein. A cena da escadaria do *Encouraçado Potemkin* é muito mais forte do que a luta de classes que o filme mostra.

"Quando eu fazia o *Bar Esperança*, estava atingindo meus objetivos através do coração das pessoas, do sentimento. Esse aprendizado de vida me orienta até hoje. Embora me sinta feliz com isso, não deixo de continuar raivoso e nervoso com a situação do homem brasileiro, nossa submissão ao imperialismo, ao capital internacional. Para mim continua existindo imperialismo ianque. Reconheço a dominação americana e acho que esse é o grande inimigo a ser atacado, destruído. A globalização é um instrumento econômico do imperialismo para submeter os povos ao domínio dele. Nasceu assim e sempre será. Não tenho nenhuma dúvida. Os inimigos que a gente tem aqui são esses que fazem o jogo do opressor. Torço para que nosso governo consiga resistir a isso, temo que ele capitule e se entregue à ideologia dessa política econômica de pagamento de juros, de uma dívida que já pagamos, que nunca foi auditada, dessa submissão ao FMI. Tenho medo. Acredito ainda no homem Lula, no cara que veio de onde veio, que sofreu o que sofreu e que foi eleito com tamanha unanimidade e apoio da população brasileira."

O grande Del Monaco

A passagem de Carvana pela Funarj, entretanto, não foi só de espinhos. Havia também diversão e arte. Como o caso do grande tenor Mario Del Monaco, cantor de ópera já falecido, que ficará na lembrança e no olfato de Carvana para sempre. Por causa da seguinte história: um dia, apareceu uma mulher no seu gabinete da Funarj, dizendo que trazia com ela objetos pessoais do cantor para serem doados, a pedido dele, para o Teatro Municipal. Eram peças do seu vestuário usadas quando ele representou Peri, com muito sucesso, na ópera *O Guarani*, no Municipal. "Claro, claro, maior orgulho", respondeu Carvana, chamando imediatamente Antonio Pedro, coordenador de teatro, e Tatiana Memória, diretora do Municipal, para estarem presentes àquela cerimônia solene.

Quando estavam todos a postos, a mulher abre uma caixa de sapatos e tira lá de dentro uma braçadeira indígena e uma "sórdida e imunda culhoneira" que Del Monaco usava quando fazia o Peri. Carvana lembrou-se, a tempo, que era um homem público naquele momento e que não poderia cair na gargalhada. Pegou com a ponta das unhas aquela "coisa suja, preta, suada, que nunca deve ter sido lavada" e a braçadeira, aquelas duas peças "horríveis, nojentas" e agradeceu em nome do socialismo moreno. E ainda teve que fazer discurso.

A memória afetiva e o fim da onipotência

Entre *Bar Esperança*, de 1982, e seu filme seguinte, *Vai trabalhar vagabundo II*, em 1991, muita água rolou. Por esse rio, passaram a experiência na política e cinco trabalhos em novelas, na televisão, e atuações em cinco filmes, entre eles *Bete Balanço, Avaeté, O Boca de Ouro*. Carvana já se sentia pronto para realizar um novo filme.

Ainda com o gosto de reminiscências do passado deixado por *Bar Esperança,* Carvana partiu para mais um passeio pela sua memória afetiva.

Os filmes de Carvana até esse momento – e também daí em diante – transitavam entre o humor anárquico e crítico e a paisagem na memória. "Os filmes que fiz contêm uma profunda crítica da realidade brasileira. Só que eles nascem da minha personalidade. E eu só sei criar através da alegria."

Vai trabalhar vagabundo II se chamaria, a princípio, *Amor vagabundo.* É a história do mesmo Dino (Secundino Miranda) que, depois de muitas confusões no primeiro *Vai trabalhar vagabundo*, quer voltar ao país incógnito. Faz-se de morto para reencontrar uma antiga paixão, a Dama de Ouro (Marieta Severo). Nesse filme, Chico Buarque faz o papel de Julinho da Adelaide, personagem que criou para assinar suas composições na época da censura.

A produção de *Vai trabalhar vagabundo II* foi muito tensa e complicada. Tão complicada que Carvana não conseguiu, como de hábito, pensar no filme seguinte enquanto fazia este. Resolveu que queria "dar um tempo" dessa "história esquizofrênica" de dirigir, escrever roteiro e atuar. "É um processo neurótico, a onipotência levada ao extremo. Fiz dez anos de análise para acalmar isso." Escolheu, então, para seu filme seguinte a novela *A nudez da verdade*, de Fernando Sabino, que já havia sido filmada anteriormente, em 1967, por Roberto Santos, com Paulo José e Leila Diniz nos papéis principais. E, além disso, era uma comédia.

"Queria fazer um filme onde eu não fosse um ator principal, onde a história não fosse minha. Comecei a procurar histórias, me lembrei desse conto do Fernando Sabino, do filme de Roberto Santos e resolvi fazer um *revival* dessa história. Então fiz *O homem nu*, baseado na novela de Sabino."

A história de Sabino era ambientada nos anos 1950, mas Carvana achou difícil reconstruir partes da cidade, que seria, na cabeça do diretor, a personagem central do filme. Por isso, sugeriu a Sabino que transformasse a cidade em personagem da ação nos dias de então.

O homem nu é uma brincadeira com a paranóia. Trata-se de um homem que se vê trancado fora de casa, quando a porta bate, e totalmente nu. A partir daí, vive situações surreais numa cidade. Suas peripécias pela cidade exigiam um ator experiente, disponível e corajoso. Afinal, filmar sem roupa no meio da rua pode ser tenso. Carvana escolheu Cláudio Marzo, de quem já era amigo há mais de 30 anos.

"A primeira coisa que ele falou foi: 'Estou muito velho, bicho, você já me viu nu?' Eu disse: 'Você está ótimo.' Cláudio tinha pouco mais de 50 anos e filmou todos os dias, das seis da manhã às seis da tarde, durante quatro semanas. E sempre nas ruas, onde ele estava permanentemente nu, no sol, na praia, na Lagoa, sentado na calçada. Ele foi fantástico."

Carvana gosta de explicar para o ator o filme inteiro, antes de começar a filmar, para que o ator saiba exatamente o que fazer. "Com o Cláudio, peguei seqüência por seqüência e trabalhei só o personagem dele. Com isso ele teve um roteiro do seu trabalho. Cada vez que entrava em cena, sabia o que iria fazer."

"Me tira daqui, me tira daqui"

A história de *Apolônio Brasil, campeão da alegria* começa lá atrás, muitos anos antes de ele começar a fazer o filme, em 2003. Quando trabalhava como vice-presidente da Funarj e tinha como uma de suas atribuições zelar pelos museus da cidade, Carvana recebeu uma correspondência do museu da Casa de Euclides da Cunha, de Cantagalo, no Estado do Rio de Janeiro. A carta pedia que ele intercedesse junto ao governo federal para que se pudesse retirar o cérebro de Euclides da Cunha que estava guardado dentro de um vidro de formol, debaixo de uma pia no Museu Nacional da Quinta da Boa Vista. O cérebro foi resgatado e enviado de volta à sua cidade natal, mas o acontecimento não saía da cabeça de Carvana. O cérebro dizia o tempo todo a Carvana: "Me tira daqui, me tira daqui." E esse cérebro, esquecido no museu e resgatado em 1984, assombrava as idéias de Carvana desde então.

Até que, dez anos depois, ele decidiu que era hora de dar forma de filme ao apelo irresistível do cérebro de Euclides da Cunha. Chamou Denise Bandeira e Joaquim Assis para desenvolverem um argumento e Mauro Wilson para fazer o roteiro. O filme se chamaria *Tempestade cerebral* e contaria a história de um pianista das noites boêmias do Rio, apaixonado pela vida e pelas mulheres, o retrato da alegria carioca. Após a morte do pianista, um cientista americano decide se apoderar do seu cérebro para roubar o gene da alegria e lucrar com a sua venda no comércio internacional. O filme narraria a vida desse músico boêmio e as peripécias da corrida atrás do seu cérebro.

Seguindo a tendência de seu último filme, quando decidiu abrir mão da sua onipotência, Carvana começou a pensar no ator principal. "Eu sabia que tinha um grande personagem na mão e que não era eu o ator para fazê-lo, embora eu cante um pouco. Fiquei até com um certo ciúme de não me escolher, me senti rejeitado por mim mesmo, mas tinha certeza de que não era eu." Para si próprio, Carvana tinha reservado o papel secundário de um mendigo.

Um dia foi ao teatro assistir a um monólogo com Marco Nanini. Carvana não teve dúvida. Era o ator que queria para seu Apolônio. E ainda cantava bem! Para o elenco, chamou também velhos amigos como Antonio Pedro, Denise Bandeira, Sílvia Bandeira e Louise Cardoso, que sempre marcam ponto nos filmes do diretor. "Eles são a minha patota." No filme, Carvana dirigiu o velho amigo José Lewgoy, o cientista americano que corre atrás do cérebro, último trabalho do ator, antes de ele morrer em fevereiro de 2003.

O filme acabou se chamando *Apolônio Brasil, campeão da alegria*, e reúne fragmentos da vida de Carvana: um jovem querendo ser artista, a passagem pelo Teatro de Revista, pelos shows, as chanchadas, a noite, a boemia, a luta para crescer dentro do trabalho e, sobretudo e mais uma vez, os amigos. Mas além do cérebro de Euclides da Cunha, era também a chanchada que pulava dentro do coração de Carvana e dizia, fazendo coro: "Me tira daqui, me tira daqui."

"Eu fui fecundado pela chanchada, ela entrou na minha vida sem pedir licença, eu encontrei o cinema através da chanchada. [...] Cada personagem do Apolônio tem pinceladas de amigos meus ao longo da vida [...]. O que eu queria era recriar e homenagear a chanchada. Ao chamar o José Lewgoy para fazer o personagem do cientista maluco, eu estou homenageando a chanchada. Ao inserir na história momentos do personagem como figurante numa chanchada, eu continuo homenageando a chanchada. E se essa chanchada for dirigida por um mito como Carlos Manga, eu fecho essa homenagem", disse Carvana em entrevista a Sílvio Essinger para a revista *Vizoo*, referindo-se, por último, à cena em que o famoso diretor dirige uma chanchada no filme.

José Lewgoy foi uma das primeiras lembranças cinematográficas de Carvana. Em um texto que escreveu para o lançamento de *Apolônio Brasil*, Carvana se emociona: "Minha ligação com ele começou de maneira mágica e era muito forte. Ele nem me conhecia, nem sabia quem eu era [...]. Eu dei a sorte de ele me selecionar para ser um de seus amigos. Quando chamei o Zé, estava chamando um dos remanescentes daquela época de ouro do cinema e estava, ao mesmo tempo, devolvendo a ele a mesma emoção que ele me deu naquela época."

O filme, porém, não foi bem de bilheteria. Antonio Pedro chama a atenção para uma característica marcante em Carvana: a independência como artista. Torna-se difícil, para ele, adaptar-se às novas práticas no cinema, em que o produtor tem o último corte. Na tradição do Cinema Novo, na qual foi formado, acontece o contrário. O artista é quem manda na sua obra. Hoje em dia, o produtor faz o corte da comercialização. Às vezes dá certo, mas muitas vezes o corte muda substancialmente a versão original do filme do diretor. Nos EUA isso é comum, mas nem tanto no Brasil. Em *Apolônio Brasil*, pensou-se na possibilidade de fazer um corte no filme para torná-lo mais comercial, mas Carvana não aceitou. Antonio Pedro, porém, vê também o outro lado. "Ao mesmo tempo que ele tem esse radicalismo, sabe que as coisas estão mudando e que a pessoa tem que viver e exercer a sua arte. Não pode recusar sempre porque acaba se auto-excluindo do ofício. Ele pode ter todas as razões estéticas, políticas e filosóficas do mundo, mas a verdade é que pára de trabalhar." *Apolônio* foi produzido por Carvana e ele acabou muito endividado. Quase teve que vender sua casa de Pedro do Rio.

Mas a dívida principal foi quitada com o próprio filme. Com *Apolônio*, Carvana pagava sua dívida afetiva com o amigo Lewgoy e com a inspiração que o acompanhou em toda a sua trajetória: a chanchada brasileira.

Filho de Obaluaê vai à guerra

Tudo seguia em ritmo carvaniano quando, a certa altura, a vida resolveu desafinar. Primeiro, mandou um aviso. Fortes dores no pulmão. Carvana estava prestes a lançar *O homem nu,* em 1996, quando teve que fazer uma radiografia do pulmão por ordem médica. Percebeu-se uma mancha, era preciso fazer outros exames. Não quis tomar providências de imediato. Decidiu ir para a casa de Pedro do Rio e ficou lá, enfurnado, ensimesmado, na rede. Parou de fumar no ato, enquanto esperava, tensamente, o resultado dos exames.

Quando voltou para o Rio, ficou sabendo que tinha um tumor maligno. Tinha câncer. Foi um choque enorme. Carvana chorou muito, se desestruturou. Desabou mesmo. Durante muitos dias ficou muito agarrado a Martha, não largava sua mão. Acreditou que a morte estava próxima. Até que se deu conta de que a luta estava apenas começando. Era filho de Obaluaê, entidade de umbanda que personifica São Lázaro no catolicismo, o santo que vem da terra e traz o renascimento. E um filho de Obaluaê não se entregaria. Começou a reagir.

Foi uma guerra lutada milímetro por milímetro. Cada minuto era uma batalha. A primeira providência foi fazer um desenho no computador, logo afixado na parede, que dizia: "Eu vou ficar bom."

A doença marcou toda a família. Pedro estava fazendo uma viagem de mochilão pela Europa e se lembra do instante exato em que recebeu a notícia. Maria Clara foi chamada para uma conversa em Pedro do Rio, onde viu o pai chorar ao lhe dizer que havia sido diagnosticado um câncer. Júlio se lembra da mãe, muito abalada, e dos dias passados dentro do quarto. Rita acha que todos ficaram doentes.

Mas também mobilizados. Cada exame novo era antecedido por momentos de muita tensão em casa. Carvana voltou-se para o misticismo, agarrou-se com a memória da mãe já morta e procurou todas as saídas possíveis. Buscou forças com Martha e com os filhos, cercou-se dos amigos verdadeiros, aceitou medalhas bentas de toda parte. Foi ao Lar do Frei Luís e fez cirurgias espirituais. Martha via brotar sangue dessas cirurgias sem que ele sentisse qualquer dor.

Procurou muitas vezes Dona Conceição das Ervas, em Niterói. Começou a ler livros e passou a acreditar que sua energia ia brotar e vencer o tumor. Ao mesmo tempo, fazia quimioterapia. Percebeu que o mal-estar do tratamento vinha no dia seguinte ao da aplicação. Então, já tomava um uísque antes de cada sessão, para agüentar o tranco. Depois era vomitar, sentir-se mal, não querer comer. Mas começou a construir uma resistência. Passou a prestar atenção aos movimentos do organismo, passou a observar e sentir o corpo. Construiu rituais e mecanismos de defesa e foi lutando, a seu modo, lançando mão de tudo para vencer o tumor.

Com menos de um ano o tumor regrediu. Tudo coincidiu: No Frei Luís, um dia, disseram a Carvana que ele não precisava mais fazer cirurgia. Seu médico, que vinha acompanhando a quimioterapia, verificou que o tumor tinha regredido. "O doutor Gilberto Salgado teve importância fundamental na minha cura, me encorajou, disse que ia lutar junto comigo. E também o amor e a solidariedade das pessoas. Soube depois que vários centros do Rio fizeram sessões, as pessoas acenderam velas e a TV Globo foi extraordinária ao bancar meu tratamento e manter o meu salário."

Martha acompanhou os 12 meses de batalha. "Foi tudo ao mesmo tempo – o Frei, Dona Conceição, a quimioterapia, dr. Gilberto, o oncologista. Foi também a vontade dele. Nunca pensei que ele tivesse a força que mostrou depois de ter desmoronado no princípio. O tumor formou-se depois de fazer um filme para o qual não sei que sacrifícios teve que fazer, que coisas teve que engolir".

O episódio mudou a vida de Carvana. Ele passou a ficar mais atento ao corpo, liga para o médico se sente algum sintoma diferente. Despreza na vida o que não vale a pena e está muito mais seletivo. Não se importa mais com o que não considera importante.

Faz exames de ano em ano e mantém o controle sobre a doença.

"Quando acabei o tratamento e retomei o trabalho, eu era outra pessoa. Tinha passado por uma experiência muito transformadora."

Carvana tinha começado a escrever o roteiro de *Apolônio Brasil* pouco antes de saber da doença. Quando retomou o trabalho, as coisas já eram diferentes. Por isso, no filme, há boas e más recordações. "O Hugo que voltou a escrever a história era um Hugo diferente."

Maria vai com as outras – a cultura da camaradagem

Os amigos, a patota, o grupo, a tribo, a turma, o pessoal de sempre. Não importa o rótulo. O fato é que, desde cedo, Carvana acostumou-se a viver em bando. Nunca foi sequer uma criança solitária. Não sabe viver sem os amigos, a casa cheia, a companhia no trabalho e no bar. Sua trajetória profissional e sua personalidade estão impregnadas da convivência com os amigos. Suas fundações psicológicas nascem dessa convivência porque amizade é um dos bens que mais preza na vida. "Tenho uma vocação gregária muito forte, acho que vem do subúrbio, da minha infância. Minha estrutura nasce da presença dos outros. No meu tempo, isso se chamava 'Maria vai com as outras'", fala, brincando, para depois consertar: "Não, não: é Maria *e* as outras." Essa maneira de encarar a vida deixou fortes marcas nos filmes que dirigiu.

Segundo ele, representar é um ritual de alegria compartilhado com os outros. Seus filmes, *Bar Esperança, Vai trabalhar vagabundo, Se segura malandro, Apolônio Brasil*, têm um grande número de personagens que sempre estão agrupados, juntos, como se formassem uma patota. *Apolônio*, por exemplo, narra episódios da vida de amigos que se encontram para relembrar 30 anos de convivência. Nele, estão novamente os atores-amigos-irmãos, como Antonio Pedro, José Lewgoy, Maria Gladys, Louise Cardoso, Sílvia Bandeira. Os amigos lembram de Carvana se divertindo em pleno *set* de filmagem da Golden Night, a boate do filme, quando dirigia a turma. Sorria e decretava: "O que eu gosto mesmo é de contar histórias. Dirijo cinema como um instrumento para contar histórias." E se cercar de amigos.

Carvana diz que o destino o levou a juntar-se às pessoas e admite que foi crescendo com o pensamento sempre ligado a outros pensamentos. Ao longo da vida, dezenas de amigos o acompanharam ou estiveram com ele em momentos importantes: Joel Barcelos, Agildo Ribeiro, Antonio Pedro, Cláudio Marzo, Luiz Antonio Piá, Denise Bandeira, Daniel Filho. Mesmo a relação com Martha, sua mulher, tem muito de amizade. "A gente é mais amigo do que marido e mulher. Às vezes bebo com Martha e ficamos horas falando bobagem."

Os amigos foram cultivados num universo de irreverência, descompromisso, irresponsabilidade e molecagem. Como no dia em que estava com vários amigos no Vilarinho, tradicional bar do centro da cidade, bebendo e comendo. Lá pelas tantas, hora de ir embora, o garçom traz a conta. Subitamente, Carvana cai para trás na cadeira. Corre-corre, afrouxa a camisa, abana, manda chamar médico. Depois de mais de cinco minutos "desmaiado", Carvana abre o olho, e diante das fisionomias de preocupação e espanto, ele explica: "A conta, a conta é de cair pra trás."

Muito do seu processo criativo brota daí. Raros foram os momentos de sisudez ou seriedade ao lado dos companheiros. "Quando a gente tem um amigão e essa amizade se baseia na descontração, na alegria, na espontaneidade, a gente fica protegido contra determinadas seriedades que se cria na vida. A gente se salva. Inclusive, do perigo de se levar demasiadamente a sério."

Para ele, isso é fundamental na vida do artista porque dá a ele a possibilidade de botar os pés no chão – "Pára com isso, cara, não se supervaloriza, isso é mentira!" – e não se deixar arrastar pelo torvelinho do sucesso. Mas esse é também um aprendizado que veio da psicanálise em grupo, que mudou a vida e a cabeça de Carvana. Na análise, aprendeu a domar o ego. Quando seguia para a terapia achando que levava com ele os maiores dramas do mundo, descobria que os seus problemas eram até pequenos comparados aos dos outros. "Eu me desmistificava e voltava a ser igual a todo mundo.

"A amizade, forjada na descontração e na brincadeira, faz com que todos fiquem iguais. Todas as minhas grandes amizades ao longo da vida foram calcadas no humor, e esse é o melhor instrumento para quebrar as onipotências. Rir de si mesmo é ótimo. Principalmente quando se está com os amigos." Carvana se lembra de uma frase de Py, seu antigo analista, que não sai da sua cabeça: "sorrindo se chega mais facilmente ao meio do inferno."

Como sua formação ideológica vem, na sua base, do Partido Comunista, Carvana sempre teve uma visão crítica e rígida em relação ao sucesso fácil que a televisão oferece. E um certo distanciamento que o permite enxergar as armadilhas da fama. "Sempre tive receio do sucesso, sempre fugi disso. Sempre desconfiei disso, nunca acreditei no sucesso fácil dos jovens atores de hoje. Quando uma revista dessa de famosos me liga, eu desconverso. E eles já nem ligam mais porque sabem que em mim não vão encontrar fofoca. Estou casado com minha mulher há anos, a mesma de sempre. Não sou atraente para essas revistas."

Ele usou alguns truques para se salvar do perverso e efêmero caldeirão da fama, sem precisar inventar um universo artificial tão comum no meio artístico: uma grande dose de alegria e, como ele diz, "*a little help from my friends*". Como é seletivo nas amizades, Carvana, que é amigo leal e solidário, desde cedo encarou a vida de ator, diretor de cinema e artista engajado com a premissa de que não se entregaria ao espaço exclusivo, e muitas vezes excludente, dos artistas de televisão. Criou seu universo de amigos entre atores e jornalistas. "Sempre tive muitos amigos jornalistas, adoro jornalistas, Luis Carlos Cabral, Jaguar, Tarso de Castro, José Augusto Ribeiro, Elizabeth Carvalho, Eric Nepomuceno, Joel Silveira, Rubem Braga, Zózimo Barroso do Amaral, Egídio Squeff. Tenho fascínio. Gosto de conversar com jornalista, de beber com jornalista. É outro tipo de conversa, não tem nada a ver com o universo do artista. Isso me ajuda, me salva. E os atores meus amigos também pensam como eu."

Carvana não é bem-humorado o tempo todo, é bem reflexivo, às vezes até bem ranzinza. Não é aquela pessoa sempre alegre. Mas tem fino humor nisso, percebe e vira crítico de si mesmo. Tem percepção crítica muito grande das coisas. De repente sai da crise do ranzizismo e tem uma sacada de humor. Os amigos e a família agradecem.

O baixinho

Com Antonio Pedro, como diz Martha, Carvana tem um caso de amor. "Outro dia, dirigindo ao lado de Antonio Pedro, que é um irmão para mim, falava sobre a adaptação para o teatro do filme *Bar Esperança*, que ele se preparava para dirigir. 'Cara, como queria ter sido poeta para explicar melhor isso para você.' Ele riu. Aí emendei: 'queria ser músico, ter tocado piano, tenho inveja de quem toca piano. O tempo que eu perdi com você, seu merda, vivendo com você, bebendo com você, seu babaca, se eu tivesse me dedicado ao piano, hoje eu seria um grande pianista.' 'Pois é, hoje seria pianista e não estava vivendo com um merda como você ao meu lado.' Ele riu muito."

O ator Antonio Pedro é um dos melhores amigos. Trocam o que chamam de "figurinhas afetivas" desde os tempos do Teatro de Arena, em 1960, quando já eram atores e militavam para o Partido Comunista. A amizade começou quando os dois foram para a rua fazer campanha para o marechal Lott, tarefa encomendada pelo Partidão. Para Antonio Pedro, o baixinho, a confiança que tem no amigo é a base da amizade. "Ao lado dele você pode abaixar para pegar o sabonete sem receio."

O baixinho adora a vocação de Carvana para imitar os outros. Morre de rir. "É muito engraçado quando chega uma pessoa desconhecida onde estamos e ele começa a imitar. Faz as mesmas caras, os mesmos gestos, e a pessoa não percebe. Incorpora os sotaques, os cacoetes, o jeito e vira um personagem.

"Carvana é ator brilhante. Tem uma característica pessoal muito forte, mas diferencia seus personagens e sabe construí-los. Como o Lineu Vasconcelos da novela [*Celebridade*], ou no filme *Deus é brasileiro*, onde faz uma pontinha, o papel de um matador cego – aquilo foi uma construção de personagem sensacional."

Para Antonio Pedro, outra grande qualidade de Carvana é conseguir manter a leveza. "Às vezes, ele pode estar passando por uma barra pesada, mas fora da intimidade, ele mantém aquela verve. Raramente se vê ele macambúzio. Ele não é aquele cara que pesa na mesa. Eu, por exemplo, já pesei várias vezes na mesa."

Odete Lara concorda com Antonio Pedro que trabalhar com Carvana é pura diversão e diz também que ele é uma presença amiga indispensável. "É um ombro que sempre empresta para os colegas chorarem. Na época em que conheci Carvana (em 1964, no Teatro Opinião), eu estava tendo um romance com o Vianinha e tive que terminar. Fiquei muito abalada. Estava fazendo psicanálise, mas às vezes ligava para o Carvana e dizia que sentia isso, aquilo, 'o que faço, acho que vou sair na rua'. E ele dizia, 'não faça isso'. Ele protegia. Quando me separei do Vianinha, ele me chamou para sair, para tomar alguma coisa. E foi assim que conheci o Antonio Carlos Fontoura, que depois namorei."

Ah, e tem a língua do alfegany. Inventada e desenvolvida por Carvana. Muito útil para responder a criaturas pedantes e afetadas, quando estas começam a falar "difícil". "Quem fala a língua, entende", explica Antonio Pedro. "Quando alguém começa a falar empolado, ele lança mão do alfegany. Na nossa geração, quando a gente era criança, tinha essa coisa de imitar ator de filme americano e falar enrolado. Alfegany é isso. No último dia de filmagem de *Apolônio*, estava todo mundo bebericando e comendo, e todos começaram a fazer coro. Alfegany já virou grito de guerra."

Bandeira

Denise Bandeira conheceu Carvana pessoalmente quando ele a convidou para fazer *Se segura malandro*. "Tremi. Era atriz principiante, sonhava em fazer um filme com ele. Tinha visto todos os filmes dele, como ator e como diretor. Amava o estilo, o atrevimento artístico, a inteligência, o humor. Enquanto ele me explicava a personagem, Caloi Volante, eu pensava: 'Puxa, eu não queria só fazer o filme, queria ficar amiga dele!' Dei sorte. Ficamos amigos de infância. Nossa parceria começou ali, no *Malandro,* um filme em forma de festa, uma comédia alucinada, uma delícia de fazer.

"Os atores, uma galera de amigos. Aliás, Carvana, além da vocação da amizade, é a pessoa mais feliz que eu já vi num *set* de filmagem. Parece que está em casa. Parece, não, está. Brinca, canta, bota apelido em todo mundo, é um moleque. Fica todo mundo apaixonado, querendo agradar. E quando um assunto vai ficando solene ou alguém começa a se levar muito a sério, baixa um bicho doido nele – que a Martha chama de 'coelhão' – e ele começa a falar alto, com voz de *viado*, a rebolar, a andar num passo de Groucho Marx, enfim, faz qualquer coisa bem louca e debochada e desarma o clima na mesma hora. Dá um susto, mas funciona: todo mundo se toca, vê o ridículo da situação e acaba às gargalhadas.

"Nunca vi o Carvana deprimido. Acho que quando ele está triste, se recolhe. Com raiva já vi. Indignado. Naquela época do Collor, quando o cinema parou, ele ficou mal. Mas Carvana não dá mole para a amargura. É da vida, da rua, da música, do bar com os amigos, da noite, do samba, da boemia, do Rio de Janeiro. É um exaltado. Quer a vida em grandes goles, aos borbotões.

"Convivemos três anos seguidos, diariamente, gravando *Plantão de polícia*. Não sei dirigir, então ele passava todo dia na minha casa, na Gávea, e me dava carona até a Herbert Richers, onde gravávamos o programa. Íamos pela estrada das Canoas, que era o caminho mais bonito, já passando o texto. Ele vibrava com a paisagem: 'Olha só, Bandeira, que coisa linda o Rio de Janeiro.' E às vezes parava o carro para a gente saltar um minuto e olhar as asas-deltas voando na Pedra da Gávea. Outras vezes era: 'Ih, olha ali, Denise, dois brasileiros se beijando!' – e me mostrava um casal abraçado, na Vista Chinesa. "Quando comecei, como atriz, minha timidez me atormentava. Sofria para representar. Não me divertia. Aprendi a me soltar e a me divertir contracenando com o Carvana. Ele me ensinou isso e também a ter mais controle da cena, mais consciência do entorno. A ter mais técnica, enfim. Sim, porque além do talento ele tem uma técnica impressionante. Não é à toa que é um dos maiores atores brasileiros. Tem uma inteligência e um instinto em cena impressionantes. Valoriza e transcende qualquer texto com seu brilho pessoal, sua manha, seu "tempo" de ator. Vivi isso de perto, contracenando com ele, e, depois, a distância, escrevendo para ele. Que luxo ter o Carvana dizendo um texto seu.

"E uma nova profissão se abriu para mim quando, um dia, confessei a ele que não queria ser só atriz, que queria, também, escrever. Ele disse: 'Beleza. Vamos fazer um filme juntos. Escrevemos o roteiro e depois eu dirijo.' Simples assim. Não parou para pensar: 'Ei, será que ela sabe escrever?' Não. Apostou em mim às cegas. O roteiro de *Bar Esperança* só tinha craques: Armando Costa, Martha Alencar, o próprio Carvana e Euclydes Marinho. E eu ali no meio deles e nas nuvens. Saíamos todas as noites pelos bares de Ipanema e Leblon para bater bola sobre a história. Depois gravávamos as reuniões de criação na casa de Armando Costa. Carvana me fez pular de amadora para profissional. Continuei escrevendo roteiros para ele. Nunca discutiu valores comigo. Sempre me pagou o que pedi absolutamente em dia. Nunca me pediu um favor profissional. Poderia pedir o que quisesse. Mas, não. Ao contrário, sempre me mimou, sempre elogiou tudo o que fiz. Por isso tenho a impressão de que tudo o que escrevo na vida é, em parte, dedicado a ele. Em meu imaginário, é meu leitor ideal."

Irmãos

O ator Cláudio Marzo encontrou em Carvana a mais perfeita tradução do Rio de Janeiro. "Quando cheguei ao Rio, em 1965, logo depois do golpe militar, vinha de São Paulo em busca de algum tipo de cidadania. Quando vi o que era o Rio, lamentei não ter passado aqui também a minha infância. Aqui, nesse tempo, foi Carvana quem abriu para mim as portas da alma carioca." Carvana e Cláudio se conheceram "na vida", em Ipanema. Naquela época, quando o regime militar impedia que as pessoas se reunissem em locais fechados sem que levantasse suspeitas, os encontros se davam nas ruas, nos bares, em ambientes públicos. "Muita coisa acontecia na rua. Era lá onde as pessoas sonhavam, perpetuavam amizades, projetavam suas idéias e criatividade."

O que Cláudio mais preza na amizade com Carvana é seu humor e sabedoria de vida. "Ele é o melhor exemplo da alma carioca, e uma boa alma. É o mais carioca dos cariocas e encarna totalmente a essência do Rio." Para Cláudio, Carvana ensina que rir é necessário e que a sabedoria está também em rir de si próprio. "Se hoje eu não soubesse rir desse jeito, eu estava lascado."

O que ele admira no artista são as mesmas qualidades do amigo, com quem trabalhar foi sempre uma experiência maravilhosa. "Só mesmo o Carvana poderia ter me motivado a co-produzir um filme com ele. Foi *Capitão Bandeira*. Depois, passei muito tempo fazendo novela para pagar o empréstimo."

Cláudio diz ser grato a Carvana por este tê-lo convidado para fazer *O homem nu*. Foi, segundo ele, seu filme de maior repercussão. "Carvana e eu somos irmãos. Ele é uma pessoa que sabe rir, faz rir e é um amigo leal." Com Cláudio Marzo ele tem que se encontrar pelo menos uma vez por mês.

Lewgoy

José Lewgoy era outro grande amigo. "De alguma maneira, minha vida no cinema tem uma ligação com o Lewgoy. Ele era um ator popular brasileiro – popular no sentido mais bonito da palavra –, que fez parte de uma geração anterior à minha, que era uma fonte de onde bebi. O cinema entrou na minha vida, na minha alma, por algumas razões. Uma delas foi o Lewgoy. Outras, o Oscarito, o grande Otelo, o Wilson Grey, Macedo e Carlos Manga. São pessoas que marcaram meu deslumbramento com o cinema. Foi a primeira tela que se abriu em cinema na minha vida, mas internamente, para dentro de mim. Para fora eu via filmes, ainda garoto. Mas a tela que me tocou e emocionou era composta por essa gente."

À parte isso, Carvana e Lewgoy ficaram amigos íntimos nos últimos 20 anos até a morte do veterano ator, em 2003. "Ele era um ator muito erudito, muito inteligente. Um dos mais inteligentes do Brasil, formado no exterior, um *expert* em teatro inglês, em Shakespeare. Uma pessoa extremamente erudita, culta. A união dessa erudição ao seu temperamento fazia com que ele não admitisse conviver com a burrice, nem com gente que não trocasse com ele, não enriquecesse sua vida."

Na mãe Joana

Depois de fazer o *Apolônio Brasil*, Carvana passou um tempo correndo atrás de recursos para finalizar o filme.

Tinha ficado um pouco enciumado de si mesmo por não ter feito personagens nos seus dois últimos filmes – em *O homem nu* o ator principal foi Cláudio Marzo, e em *Apolônio* foi o Nanini. "Resolvi escrever alguma coisa onde eu pudesse voltar a ser ator de filme meu. E, ao mesmo tempo, eu queria fazer um filme seco, rasgado de humor, um exercício da comédia sem piedade. Aí comecei a desenvolver uma idéia e escrevi um argumento que está pronto, *Casa da mãe Joana*. É a história de três amigos que moram juntos há muitos anos num apartamento. Eles são como marido e mulher – sem sexo, é claro. Eles são apaixonados entre si e não admitem morar um sem o outro. Eles formam um louco casamento. Esse apartamento é cenário para acontecer as coisas mais engraçadas que eu e Pepê [o roteirista Paulo Halm] escrevemos." É, os três amigos, a tribo, a patota. Como sempre.

Mas há um filme que Carvana e Armando Costa, já falecido, pretendiam fazer, mas que nunca escreveram e que, provavelmente, nunca vai ser feito. Chama-se *Não se preocupe, nada vai dar certo* e começa com um cidadão abrindo a janela e gritando: "Bom-dia, espero que todos vão à merda." Pouco depois, ele abre novamente a janela e grita: "E aí, já foram à merda?"

Um homem e seus ritos

Amanhece. Logo cedo ele se prepara para a viagem. Na verdade, é uma pequena viagem, pouco mais de uma hora, mas há compromissos com a liturgia. Pega o carro na garagem e sai com Martha para abastecer no posto de sempre, com o mesmo frentista. Sai do carro e compra a garrafa d'água da viagem. Uma hora e pouco depois, já em Itaipava, estaciona o carro em frente ao The Place, uma *delicatessen*, para comprar o uísque e conversar com o pessoal da casa. Todos já o aguardam nesses lugares. Já sabem o que ele quer, já preparam o uísque que ele vai bebericar antes de partir, depois de comprar a garrafa e mandar abrir. Conversa.

Mais adiante, passa na loja de material de construção, em que é amigo do dono, e discute qualquer coisa. Pode ser o cimento, a pedra com brita de areia, o teor da conversa não importa. O dono abre o escritório, por trás do balcão, Carvana faz a encomenda. Dali, segue para o horto de Itaipava. Senta-se no bar, apadrinhado por ele e Martha, toma uma cerveja e parte para o balcão de dona Ângela, das flores. Martha compra os legumes e verduras, Carvana escolhe as frutas. Ela cuida da horta, ele é responsável pelas flores e pelo jardim.

Em breve, Carvana seguirá para casa, em Pedro do Rio, onde descansa, recebe os filhos, os amigos, brinca com os netos na grama verde, escuta os passarinhos, mexe nas plantas do jardim, deita na rede.

Na casa de Pedro do Rio, refúgio e lugar em que fincou seu porto seguro, ele divide com Martha a horta e o jardim. Os ritos para a subida até a serra são sempre os mesmos. Se for diferente, ele surta. Dentro do seu ritual, a vida vira um filme, no qual tudo está combinado.

*

Anoitece. A van já o espera com a equipe na rua, em frente ao apartamento da Gávea, para mais uma noitada de filmagens. Destino: Academia da Cachaça, na Barra da Tijuca, local em que Carvana vai filmar uma parte do documentário que realiza sobre a cachaça, *A danada da cachaça*. São oito programas de 30 minutos que vão mostrar "como a cachaça e a vida do povo brasileiro se confundem". Na mesma noite, Aldir Blanc toma posse na Academia, que tem 12 anos de existência, 40 acadêmicos e Machado de Assis e Carlos Cachaça (claro!) como patronos principais. Aldir assume a cadeira que foi de Ferdy Carneiro. Paulo César Saraceni, que também tomaria posse, não consegue viajar a tempo. Carvana está em casa, é acadêmico há dez anos.

Ele está eufórico. E compenetrado. Está filmando, exercendo sua paixão. Apesar de ser um documentário para a televisão, Carvana declara seu amor ao cinema: "Eu seria ingrato com o cinema, depois de tudo que ele me deu, se não dedicasse a ele o amor que dedico. Eu era criança, via os filmes, mas não sabia que meu destino estava traçado naquela tela grande. O cinema, em criança, era o máximo. Não havia televisão. Imagina uma criança se deparar pela primeira vez com uma tela escura e imagens projetadas em movimento. Era de uma magia sem tamanho. Minha relação com o cinema nasce da fantasia, do irreal, da mágica de contar histórias. Não nego minha ligação com a TV, acompanhei sua trajetória, estive presente em momentos importantes da televisão e em momentos renovadores, mas o cinema está ligado à minha alma."

O equipamento está instalado. As luzes se acendem, o microfone aponta para a mesa em que Carvana vai entrevistar seus convidados para o piloto do documentário, o primeiro que faz. Desta vez, não tem cheiro de cola. O cenário é o bar, com suas mesas, seus garçons e todo mundo que está lá dentro. Rita, a filha mais nova, faz o *making of.* Júlio é assistente de direção e produtor. Martha comanda a produção. Estão presentes à gravação/cerimônia vários acadêmicos como Fernando Pamplona, Luiz Fernando Vieira, Fausto Wolff, Zózimo Bulbul, Artur Poerner, José Rui Dutra, Ruça, Lany Rangel, Paulo Magoulas, Beth Mendes, Raul Hazan, Hélcio Santos, Hugo Sorrentino. Carvana explica aos clientes do bar, que se misturam aos convidados, o que vai acontecer e como devem se comportar. Dirige a cena, ao mesmo tempo que se prepara para fazer as entrevistas. Pede silêncio e orienta o público. Atenção, AÇÃO!

Seguem as entrevistas. Depois, o final, com a despedida do entrevistador. A filmagem termina com o bar inteiro cantando *Você pensa que cachaça é água* e Carvana regendo.

*

Depois da filmagem, Carvana relaxa e se senta a uma mesa do bar. "Eu sou um artista e quero morrer artista. O artista se alimenta da liberdade." E como artista, Carvana se sentiu livre para contar suas histórias. Lembra-se do livro e diz, solene: "Todo esse tempo tenho feito um esforço danado para falar sério com você." Adverte, porém, que por trás dessa seriedade tem um Hugo moleque, solto, irresponsável e, sobretudo cafajeste – "sou muito cafajeste, muito. Sou amoral, imoral".

Mas sabe que viveu tudo intensamente. "Considero que fiz um belo trabalho na minha passagem pela vida. Sei que emocionei pessoas, uma obrigação minha como artista. Criei uma família, fui feliz com a mulher que eu amo, com quem vivo há 40 anos. Consolidei a idéia de que o amor é possível, que é possível amar, viver junto muitos anos. Hoje, aos 68 anos, consigo abrir uma janela do passado. Posso fechar os olhos e sei que haverá uma história bonita. Agora, está bom. Quem quiser, que conte outra."

Carvana viveu e vive com fervor a sua cidade, o Rio, seu espaço urbano, que é sua alma. E adora a casa no campo. Nunca imaginou que o caminho fosse dar onde deu. Nem planejou. "O caminho se faz caminhando." Olha para a imensa estrada percorrida e vê passar em cada fotograma infinitos rostos de atores, diretores, dramaturgos, compositores, cantores, escritores, militantes, dubladores, políticos, jogadores, companheiros de copo, filhos, netos. O filme roda e ele vê mais: fragmentos de cenários, figurinos no palco, paisagens de filmes e cenas, muitas, muitas cenas. Consegue ouvir o burburinho dos bastidores da televisão, dos ensaios no teatro, misturado ao som da grua, da claquete. Apura o olfato e quase sente o cheiro de cola do primeiro teste num estúdio de TV.

Depois de tantas paisagens, o que mais pode querer? "Ser feliz até morrer."

Ah! E contar mais uma história. Sempre.

Foto: Arquivo pessoal

Carvana em 2004.

Biografia

Cinema

Direção
1973 – Vai Trabalhar Vagabundo
1978 – Se Segura Malandro
1982 – Bar Esperança
1991 – Vai Trabalhar Vagabundo II, a Volta
1996 – O Homem Nu
2003 – Apolônio Brasil, O Campeão da Alegria

Roteiro
1961 – Copacabana Zero Hora (Colaborando com Duílio Mastroiani)
1970 – Quando o Carnaval Chegar (Colaborando com Carlos Diegues)
1973 – Vai Trabalhar Vagabundo (Hugo Carvana, Armando Costa e Leopoldo Serran)
1982 – Bar Esperança (Hugo Carvana, Armando Costa, Euclides Marinho, Martha Alencar e Denise Bandeira)
2003 – Apolônio Brasil, Campeão da Alegria (Hugo Carvana, Denise Bandeira, Joaquim Assis e Mauro Wilson)

Produção
1971 – Capitão Bandeira Contra o dr. Moura Brasil
1978 – Se Segura Malandro
1982 – Bar Esperança
1991 – Vai Trabalhar Vagabundo II, a Volta
1996 – O Homem Nu
2003 – Apolônio Brasil, Campeão da Alegria

Ator

Cinema
1955 – Trabalhou Bem Genival – Direção Lulu de Barros
1955 – Sinfonia Carioca – Watson Macedo
1955 – Guerra ao Samba – Carlos Manga
1955 – Carnaval em Marte – Watson Macedo
1956 – Genival É de Morte – Aloísio de Carvalho
1956 – O Feijão É Nosso – Victor de Lima
1956 – Depois Eu Conto – Watson Macedo
1957 – Tudo É Música – Lulu de Barros
1957 – Tem Boi na Linha – Aloísio de Carvalho
1957 – Rio Fantasia – Watson Macedo
1957 – Rico Ri à Toa – Roberto Farias
1957 – Metido à Bacana – J. B. Tanko
1957 – Baronesa Transviada – Watson Macedo
1957 – Garotas e Samba – Carlos Manga
1958 – É de Chuva – Victor de Lima
1958 – Contrabando – Eduardo Lhoronte
1958 – Alegria de Viver – Watson Macedo
1958 – Agüente o Rojão – Watson Macedo
1958 – A Grande Vedete – Watson Macedo
1959 – Pé na Tábua – Victor de Lima
1961 – Copacabana Zero Hora – Duílio Mastroiani
1961 – Esse Rio que Eu Amo – Carlos Hugo Christensen

1962 – Os Cafajestes – Ruy Guerra
1962 – O Anjo – Silvio Autuori
1963 – Os Fuzis – Ruy Guerra
1965 – O Desafio – Paulo Cesar Sarraceni
1965 – A Falecida – Leon Hirszman
1965 – Crime de Amor – Rex Endsleigh
1966 – A Grande Cidade – Carlos Diegues
1967 – O Engano – Mário Fiorani
1967 – Mar Corrente – Luiz Paulino
1967 – Terra em Transe – Glauber Rocha
1968 – Como Vai, Vai Bem? – Alberto Salvá
1968 – O Cancer – Glauber Rocha
1968 – Jardim de Guerra – Neville de Almeida
1968 – O Bravo Guerreiro – Gustavo Dahl
1968 – A Vida Provisória – Maurício Gomes Leite
1968 – O Homem que Comprou o Mundo – Eduardo Coutinho
1968 – Antes o Verão – Gerson Tavares
1968 – Tatu Bola – Gianni Amico / Joel Barcelos
1969 – O Anjo Nasceu – Julio Bressane
1969 – O Dragão da Maldade Contra o Santo Guerreiro – Glauber Rocha
1969 – Os Herdeiros – Carlos Diegues
1969 – Macunaíma – Joaquim Pedro de Andrade
1969 – A Máscara da Traição – Roberto Pires
1969 – O Homem e sua Jaula – Fernando Coni Campos
1969 – Tempo de Violência – Hugo Kusnet
1969 – Pedro Diabo Ama Rosa Meia-Noite – Miguel Faria
1970 – O Leão de Sete Cabeças – Gláuber Rocha
1970 – Pindorama – Arnaldo Jabor
1971 – Capitão Bandeira Contra o dr. Moura Brasil – Antônio Calmon
1972 – Amor, Carnaval e Sonho – Paulo Cesar Sarraceni
1972 – Procura-se uma Virgem – Paulo Gil Soares

1972 – Quando o Carnaval Chegar – Carlos Diegues
1972 – Toda Nudez Será Castigada – Arnaldo Jabor
1973 – Tati a Garota – Bruno Barreto
1973 – Vai Trabalhar Vagabundo – Hugo Carvana
1974 – Ipanema Adeus – Paulo Martins
1975 – A Nudez de Alessandra – Pierre Kast
1976 – A Queda – Ruy Guerra
1977 – Gordos e Magros – Mário Carneiro
1977 – Mar de Rosas – Ana Carolina
1977 – Tenda dos Milagres – Nelson Pereira dos Santos
1978 – Anchieta, José do Brasil – Paulo Cesar Sarraceni
1978 – Se Segura Malandro – Hugo Carvana
1979 – Escravos de Jó – Lael Rodrigues
1982 – Bar Esperança – Hugo Carvana
1983 – Águia na Cabeça – Paulo Thiago
1984 – Bete Balanço – Lael Rodrigues
1985 – Avaeté, a Semente da Vingança – Zelito Viana
1987 – Leila Diniz – Luiz Carlos Lacerda
1990 – O Boca de Ouro – Walter Avancini
1991 – Vai Trabalhar Vagabundo II, a Volta – Hugo Carvana
1991 – Assim na Tela Como no Céu – Ricardo Miranda
1996 – O Homem Nu – Hugo Carvana
1998 – Happy Hour – Dodô Brandão
1999 – Mauá – o Imperador e o Rei – Sérgio Resende
2000 – O Cabeça de Copacabana – Rosane Swartman
2000 – Sonhos Tropicais – André Sturm
2002 – Deus É Brasileiro – Cacá Diegues
2002 – A Breve História de Cândido Sampaio – Pedro Carvana
2003 – Apolônio Brasil, Campeão da Alegria – Hugo Carvana
2004 – Mais Uma Vez Amor – Rosane Swartman
2004 – Viver e Morrer – José Joffily

Teatro
1957 – Falta um Pedaço em Meu Marido – André Roussinal – Cia. Burlesca de Milton Carneiro
1958 – A Compadecida – Ariano Suassuna – Cia. de Teatro Aurimar Rocha
1959 – Revolução na América do Sul – Augusto Boal – Teatro de Arena de São Paulo
1960 – O Asilado – Guilherme Figueiredo – Teatro Santa Rosa
1960 – O Pagador de Promessas – Dias Gomes – TNC
1960 – Boca de Ouro – Nelson Rodrigues – TNC
1966 – Se Correr o Bicho Pega – Oduvaldo Viana Filho – Grupo Opinião
1967 – Meia Volta Vou Ver – Oduvaldo Viana Filho

Televisão
Novelas
1966 – Anastácia – Janete Clair
1974 – Cuca Legal – Marcus Reis – TV Globo
1976 – Gabriela – Jorge Amado – TV Globo
1985 – Corpo a Corpo – Gilberto Braga – TV Globo
1986 – De Quina pra Lua – Alcides Nogueira – TV Globo
1987 – Roda de Fogo – Lauro Cesar Muniz – TV Globo
1990 – Gente Fina – José Louzeiro – TV Globo
1991 – O Dono do Mundo – Gilberto Braga – TV Globo
1992 – De Corpo e Alma – Glária Perez – TV Globo
1993 – Fera Ferida – Aguinaldo Silva – TV Globo
1995 – Cara e Coroa – Antônio Calmon – TV Globo
1999 – Andando nas Nuvens – Euclides Marinho – TV Globo
2001 – Um Anjo Caiu do Céu – Antônio Calmon – TV Globo
2001 – Desejos de Mulher – Euclides Marinho – TV Globo
2003 – Celebridade

Séries
1979/80/81 – Plantão de Polícia (protagonista durante esses três anos de exibição semanal pela Rede Globo de Televisão)
1981 – Quem Ama Não Mata
1992 – As Noivas de Copacabana – TV Globo
1993 – Agosto – TV Globo
1995 – Engraçadinha – TV Globo

Este livro foi composto em Gatineau, corpo 11/14
e impresso pela Ediouro Gráfica
sobre papel Pólen Soft 70g da Suzano.
Foram produzidos 3.000 exemplares para a
Relume Dumará em novembro de 2005.